勝坂式土器のさまざまな器形
（小金井市中山谷遺跡29号住居跡）
（小金井市教育委員会蔵）

# 勝坂式土器の多様性

構　成／植田　真
撮　影／小川忠博

縄文時代中期中葉に，関東・中部地方を中心として盛行する勝坂式土器は，非常に豊富な器形と文様を有している。勝坂式土器における組成研究は，その前提的課題として，器形と文様との関係が複雑で，器種を類型化しきれないところに問題がある。共通の器形に異なる文様が描かれる場合や，異なる器形に共通の文様が描かれる場合をいかに理解すればよいのだろうか。勝坂式土器における器種の把握は，単に器形のみからの類型化によっては果たしきれず，文様の変化にも注目する必要がある。

### 共通の器形に異なる文様をもつもの（右は展開写真）

**富士見市羽沢遺跡**（富士見市教育委員会蔵）

**小金井市貫井南遺跡**（東京都教育委員会蔵）

福岡市西区四箇遺跡出土の縄文土器

# 同一層位を基本にした土器組成

構　成／山崎純男
写真提供／福岡市教育委員会

　四箇遺跡から出土した土器は大型の粗製深鉢，中型の精製深鉢，小型の精製鉢，精製の浅鉢，埦（注口土器）がセットをなす。大型の深鉢は荒い条痕をもつ。中型深鉢は丁寧なヘラ研磨で仕上げ，胴部に沈線文様を施す。山形口縁をなすものもある。小型の鉢，浅鉢には把手，耳をもつものがある。九州では文様が消失し始める時期にあたり，中九州の三万田式併行期（後期後半）の北部九州の土器である。

**土層の断面とサンプル採取**
（福岡市板付遺跡G-7a調査区）

Ⅰ 現水田耕作土
Ⅱ 現水田床土
Ⅲ 中世～弥生時代中期
Ⅳ 弥生時代前期（板付Ⅱa式）
Ⅴ 洪水層（粗砂層）⎫
Ⅵ 水田耕作土　　　⎬ 板付Ⅰ式
Ⅶ 水田耕作土　　　⎭
Ⅷ　　　　　　　　⎫
Ⅸ　　　　　　　　⎬ 夜臼Ⅰ式
Ⅹ 水田耕作土　　　⎭
Ⅺ 基盤層

# 安行式土器の精製土器

安行式土器の編年は、山内清男博士に多くを負うが、晩期の3a・3b式には問題があり、波状縁深鉢など主要器種を欠落し、代りに三叉文様の土器をあてた。なぜか。亀ヶ岡式の成立は、東北後期土器の否定に基づく、との認識から関東を見られたのではないか。しかし、関東は後期の伝統を晩期前半まで墨守したのである。むしろ亀ヶ岡式が特殊だったのであろう。

　　　　　　構　成／金子裕之

**埼玉県蓮田市雅楽谷遺跡出土土器**（安行1～3a式）。
山内博士の3a式により、3a式のとらえ方は混乱。異なる型式を組み合わせるケースが生じた。
（講談社提供、埼玉県教育委員会蔵）

**千葉県八日市場市多古田遺跡など出土土器**（姥山Ⅱ・Ⅲ式）
後期安行式の器種・文様の伝統は、晩期前半まで継続した。
（慶応義塾大学民俗考古学研究室蔵）

# 大洞C₂式土器の組成 岩手県北上市九年橋遺跡出土土器

東北地方の晩期を代表する大洞諸型式土器は粗製の深鉢と鉢，精製の浅鉢と壺を主要な器形としている。

上段は煮炊き用の深鉢と鉢で，共に粗製の土器であり，炭化物の付着が認められる。中段は貯蔵用の壺で，精製・粗製の2種類あり，また大きさにも大小がある。下段は飲食用の浅鉢・鉢・注口で，精製の土器が多い。

構　成／藤村東男
撮　影／稲野裕介

煮炊き用の深鉢と鉢
（深鉢の高さ42cm）

貯蔵用の壺
（右の壺の高さ30cm）

食事用の浅鉢・鉢・注口
（右の注口の高さ6.5cm）

# 季刊 考古学 第17号

## 特集 縄文土器の編年

●口絵(カラー) 勝坂式土器の多様性

同一層位を基本にした土器組成

安行式土器の精製土器

大洞$C_2$式土器の組成

(モノクロ) 連弧文土器の文様

縁帯文土器の成立

称名寺式土器の文様

縄文—繊細な感性が生み出した縄の呪術

### 縄文土器編年の研究―――――――――――小林達雄 (14)

### 縄文土器編年の方法

層位学的方法―――――――――――山崎純男 (17)

型式学的方法・貝殻沈線文系土器―――――――高橋 誠 (22)

型式学的方法・連弧文土器―――――――――山崎和巳 (26)

型式学的方法・加曽利B式土器―――――――大塚達朗 (30)

組 成 論・勝坂式土器―――――――――植田 真 (34)

組 成 論・安行式土器―――――――――金子裕之 (38)

組 成 論・大洞式土器―――――――――藤村東男 (42)

文様帯論――――――――――――――能登 健 (46)

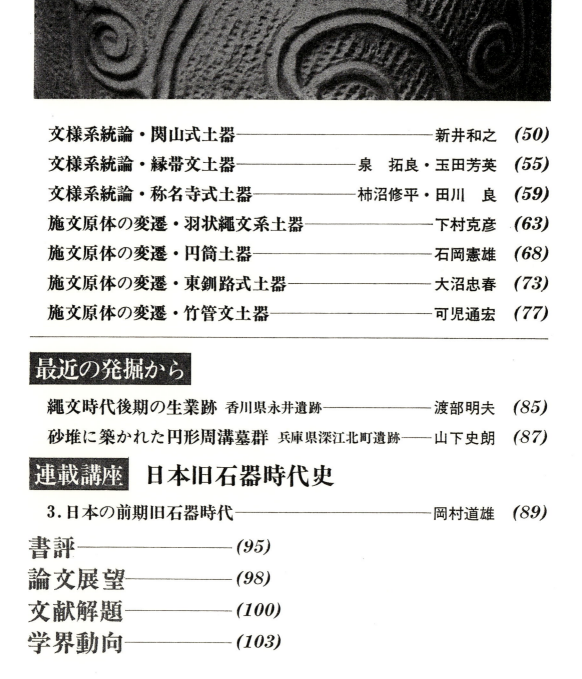

| 文様系統論・関山式土器 | 新井和之 | (50) |
| --- | --- | --- |
| 文様系統論・縁帯文土器 | 泉　拓良・玉田芳英 | (55) |
| 文様系統論・称名寺式土器 | 柿沼修平・田川　良 | (59) |
| 施文原体の変遷・羽状縄文系土器 | 下村克彦 | (63) |
| 施文原体の変遷・円筒土器 | 石岡憲雄 | (68) |
| 施文原体の変遷・東釧路式土器 | 大沼忠春 | (73) |
| 施文原体の変遷・竹管文土器 | 可児通宏 | (77) |

## 最近の発掘から

| 縄文時代後期の生業跡　香川県永井遺跡 | 渡部明夫 | (85) |
| --- | --- | --- |
| 砂堆に築かれた円形周溝墓群　兵庫県深江北町遺跡 | 山下史朗 | (87) |

## 連載講座　日本旧石器時代史

| 3.日本の前期旧石器時代 | 岡村道雄 | (89) |
| --- | --- | --- |

書評————(95)
論文展望————(98)
文献解題————(100)
学界動向————(103)

表紙デザイン・目次構成・カット
／サンクリエイト

# 連弧文土器の文様

連弧文土器の文様の変遷を見ると，波状文的文様（連弧文土器第1段階）から，めりはりのある定形化した連弧文（同第2〜3段階）へと変化し，連弧文土器のスタイルが確立する。しかし，磨消縄文手法の受容とともに，文様が崩弛し，再び波状文が多くなる（同第4段階）。そして，加曽利E式土器の波状沈線文タイプの成立に関連して，それに同化，融合し終焉を迎えるのである（同第5段階）。

構　成／山崎和巳

東京都吉祥山遺跡（連弧文土器第1段階）
（武蔵村山市教育委員会提供）

東京都恋ヶ窪遺跡（第3段階）
（国分寺市教育委員会提供）

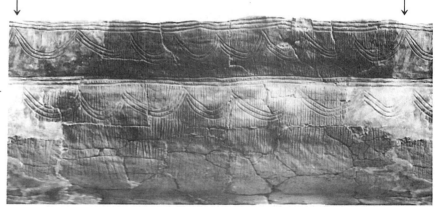

同展開写真（小川忠博氏撮影）

東京都恋ヶ窪遺跡（第3段階）
（国分寺市教育委員会提供）

東京都貫井遺跡（第4段階）
（小金井市教育委員会提供）

東京都和田・百草遺跡（第5段階）
（多摩市教育委員会提供）

# 縁帯文土器の成立

縁帯文土器は 6，7 で示すような，器形と文様が口・頸・胴部にそれぞれ区分され，口縁部に文様が集中する土器をいう。2～5 は，1 で示した福田K II 式と同様の3本沈線や鍵手状入組文を持つ一方で，口・頸・胴部の三区分や沈線の多条化など縁帯文土器につながる要素が出現しており，両型式の中間に位置づけられる。

構成／泉 拓良

1 岡山県福田貝塚
（倉敷考古館提供）

2 奈良県広瀬遺跡
（県立橿原考古学研究所提供）

3 鳥取県布勢遺跡
（鳥取県埋蔵文化財センター提供）

4 福井県三室遺跡
（勝山市教育委員会提供）

5 大阪府森の宮貝塚
（大阪市文化財協会提供）

6 京都府北白川追分町遺跡
（京都大学埋蔵文化財研究センター提供）

7 大阪府縄手遺跡
（東大阪市教育委員会提供）

# 称名寺式土器の文様

東地方の後期初頭に位置づけられる称名寺式土器は，J字状文，巻状文，銛状文などによって特づけられる。1は初期の様子がえ，口縁部には太い沈線区画って窓枠状の無紋部がみられる。は在地化しつつある状況を伝え，巻状紋が二段配列されている。は銛状紋，J字状紋の連結化し類型で，新たな展開を示すもの。・5は銛状紋，渦巻状紋を残映ながら，列点，刺突紋を配し，は沈線のみの類型である。

構　成／柿沼修平

**1 千葉市中野僧御堂遺跡**
（房総風土記の丘提供）

**2 松戸市金楠台遺跡**
（房総風土記の丘提供）

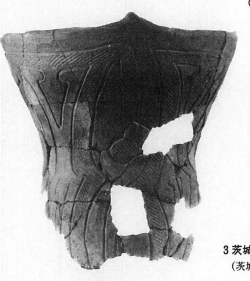

**3 茨城県南三島遺跡5区**
（茨城県教育財団提供）

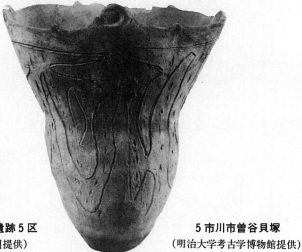

**5 市川市曽谷貝塚**
（明治大学考古学博物館提供）

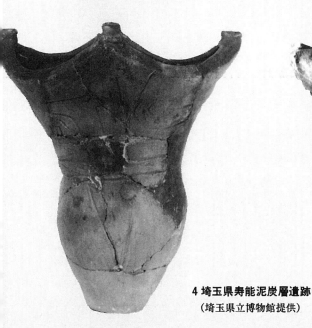

**4 埼玉県寿能泥炭層遺跡**
（埼玉県立博物館提供）

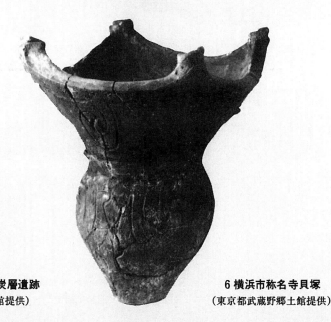

**6 横浜市称名寺貝塚**
（東京都武蔵野郷土館提供）

# 縄文 ―― 繊細な感性が生み出した縄の呪術

無節　正撚り
R{l l} と L{r r}

無節　反撚り
L{L L} と R{R R}

無節　半反撚り
R{R R}

側面環付

閉端環付　幅狭等間隔施文の極み

異段
L{R{L R} R}

直前段合撚りC
L{R{R R} L{R R}}

直前段合撚りB
撚り合わせによる縄の極致
L{R{R L} L{R L}}

結束一種　羽状

結節　緩いふたえ結び

結節　8の字結び

結節

同一種の縄文も繊維の硬軟，撚の強弱，施文方法によってさまざまに変化する。まして開端・閉・側面・撚り合わせ法・結び方附加法・組み方とすべてにわたって工夫を凝らした縄文の奥行き深い。関山Ⅰ式関山Ⅰ号住居址階では40種以上の縄がある。細撚り紐1本にかくも多くの変化考案した繊細な感性に驚愕する縄に秘められた呪術……いつかその意味を解かなくてはなるまい

構　成／下村克

# 季刊 考古学

特集

# 繩文土器の編年

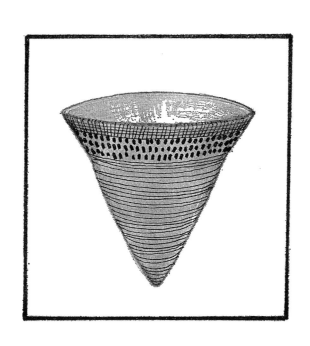

特集● 縄文土器の編年

# 縄文土器編年の研究

國學院大學教授 　小林　達雄
　　　　　　　（こばやし・たつお）

縄文土器の編年は新古の判定で事足りるのではなく，縄文文化の動態を時間的，空間的に明らかにしていく基礎となるものである

　This vessel is unlike anything else found in the deposits, and maybe of a different age.
　　　　　　　　　　　　E. S. Morse (1979)
「此器ハ形質甚他ノ種ト異ニ時代モ亦相同シカラサルカコトシ」
　　　　　　　　　　　　　　　矢田部良吉訳

## 1　縄文土器編年の研究史

　モースが示した大森貝塚出土の縄文土器に対する記述には，学ぶべき点が多い。冒頭の文句は，『Shell Mounds of Omori』における図版10の5の土器を説明したものである。実際これは，大森貝塚で多数を占める加曽利B式土器の中に混在していた東北地方産の注口土器であって，時期が異なるものではなかったのである。しかし，大森貝塚の土器について，胎土や施文法や文様の特徴などの観察にもとづいて，いくつかの他と区別される類を抽出し，そのバラエティーの一つを時期差と予想した点は，注目すべきであろう。これによって，モースは，縄文土器に新古の別あることを見通した最初の栄誉を与えられるのである。
　その後，モースに学んだ佐々木忠次郎，飯島魁は陸平貝塚を発掘し，大森貝塚の土器と様子の異う点が確認されたものの，それが時期差に由来するという考えは依然として芽生えなかった。そして，引き続き貝塚への関心は，さらに嵩まり，さまざまな土器の存在が注意されていった。
　やがて，阿玉台貝塚を調査した八木奘三郎と下村三四吉は，そうした土器のバラエティーが時期差ではないかと考えるに至った。すなわち明治27年（1894）「下総国香取郡阿玉台貝塚探求報告」（『東京人類学雑誌』10—97）で，＜土器製作の両式＞の項をとくに設けて，次のように記した。
　「元来関東地方所出ノ土器ニハ二様ノ別アリ，其一ハ薄手ナルモ土質緻密ニシテ製作亦頗精巧ナリ，……大森及椎塚ヨリ出スガ如キモノ是ナリ，他ノ一ハ土質粗笨ニシテ形状偉大ノモノ多ク，其意匠ハ一種特異ノ風韻ヲ帯スレドモ全体粗ニシテ製作又精ヲ欠ケリ，陸平及千葉貝塚ノ品是ナリ，（前ノ種類ニ属スルモノヲ仮リニ大森風或ハ大森式ノ土器ト云ヒ，後ノ種類ノモノヲ陸平風或ハ陸平式ノ土器ト称ス……）」
　かくて，大森貝塚に代表される大森風の薄手式あるいは大森式および陸平貝塚で代表されるような陸平風の厚手式あるいは陸平式の二者は，前者から後者すなわち大森式・薄手式から陸平式・厚手式へと変遷するものと推定した。後の層位学的研究は，この結論とは逆に厚手式から薄手式という順序を明らかにしたが，各々に際立った特色を発揮する二者が時期を異にするものであるという，明確な見解を打ち出したのは高く評価さるべきであろう。それが，たとえ事実に合致しなかったとしても，当時の情報が二者の先後関係を正確に決定するに足るものではなかったせいであり，その見通しの確かさを貶めはしないのである。
　縄文土器に対するこの八木の理解は明治30年（1897）の「相州諸磯石器時代遺跡の土器」（『東京人類学雑誌』13—139）の中で，改めて表明されている。つまり，「蓋し石器時代の遺物には大略二様の別有り。之れ部落の差と年代の前後とに因るならん……」（傍点筆者）としたのである。

14

しかしながら，こうした縄文土器の新古の区別は，のちに層位学的な裏付けによって初めて確認されるにいたるのであり，換言すれば，層位学抜きにしては果し得ないのである。

縄文土器の層位学的発掘の実践は，M. G. マンローを嚆矢とする。明治38年（1905）秋から，延々7カ月にわたって，横浜市三ツ沢貝塚の発掘に取り組み，ときどき八木の応援を得ていた（Munro『Prehistoric Japan』1911）。遺跡を分層的に発掘することの重要性と，それには貝塚が効果的であることを指摘しながら，三ツ沢貝塚における土器や石器などの遺物の層位的な差異を記している。とくに，土器については，下層に粗笨な胎土で古い様相の文様が認められ，上層のより新しい層には薄手で精巧な類がある。そして，赤色顔料を入れた貝容器は上層でしか発見されていないが，赤色塗彩の土器は，上層よりも明らかに下層に多い。また，上層の精巧なつくりの土器が比較的広範囲に分布しているのは，土器の発達の状況をよく物語るものと解釈したのであった。三ツ沢貝塚には，中期の加曽利E式および後期の堀之内式の存在が知られており，マンローが上・下の層位にみられた土器の差に対応されるものとも考えられる。

マンローの層位学に関する見識は，当時のヨーロッパ考古学の素養に基づくものであり，縄文貝塚への応用実践であった。しかし，『Prehistoric Japan』が英文の発表であり，ついに邦訳をみなかったせいもあって，他の縄文研究者の注意をほとんど魅かないままに埋没してしまうのである。

層位学的研究が改めて登場してくるのは，さらに10年以上の年月が流れてからであった。アメリカの自然史博物館で，H. F. Osborn に学んだ松本彦七郎は，大正8年（1919）頃から宮城県宮戸島の里浜貝塚の分層発掘に基づいて，縄文土器の新古が凸曲線文から凹曲線文へと変遷することや，とくに文様帯の変化の系統を追跡して，注目すべき成績を収めたのである。そして矢つぎ早に発表された論文に触発された山内清男，八幡一郎，甲野勇らの縄文土器編年の研究が続いた。

確かに松本が層位学的方法を日本考古学の中に定着させた功績は大きい。縄文人骨の収集に努めた清野謙次もまた，貝塚発掘において層位的な観察をきちんと果している。例えば，大正9年（1920）の発掘にかかる茨城県所作貝塚で，貝層上部からは縄文曲線文様の土器が乏しく，直線模様

の土器が多いのに対し，貝層下部に縄文土器の多いことを示している。しかしなんといっても，層位学的方法を駆使して関東北の貝塚調査を次々と実施した山内の業績は目覚しく，編年作業は驚くべき速度で進められた。これは，山内自身の緻密な観察眼と，確固たる＜型式＞概念の設定によるものである。なお縄文土器の研究に，かくのごとき層位学的の方法に裏打ちされた型式学が導入されたことによって，日本考古学は初めて科学としての主体性を確立したのであり，いわば山内清男をその開基と称してもよいであろう。かくして大正末年以降，縄文時代考古学を終始山内が先導してゆくのである。

まず，大正11年（1922）には，千葉県上本郷貝塚において，縄文土器型式が地点によって異なることを指摘し，続いて昭和2年（1927）には，A，B，C，D，E，F地点ごとに縄文土器型式を層位的関係で把握したのである。さらに，八幡一郎の加曽利貝塚や山崎貝塚の成果に加えて，犢橋貝塚，貝殻坂貝塚，姥山貝塚，大木囲貝塚，槻木貝塚などの土器型式の層位的差異が，山内の編年を大きく前進させるにいたった（山内「下総上本郷貝塚」『人類学雑誌』43—10，1928）。

やがて，昭和5年（1930）の「斜行縄紋に関する二三の観察」（『史前学雑誌』2—3）の中で，縄文土器型式編年の三区分説を提唱した。そして，昭和12年（1937）「縄紋土器型式の細別と大別」において，前説を五区分に修正して，ほぼ縄文土器編年の枠組の完成をみたのである（『先史考古学』1—1）。この山内構想の方針は，多くの研究者に具体的な研究目標を啓示することとなり，編年網の空白部分に新型式を見極めながら，丹念に補填する作業へと駆り立てていった。かくして，全国各地で，縄文土器型式の時間的先後の系統が辿られ，さらに地域間相互の関係の粗密も次第に明らかにされ，縄文土器編年が整備されていった。

昭和14年（1939）の白崎高保による稲荷台遺跡から発見された撚糸文系土器様式の稲荷台式（白崎「東京稲荷台先史遺跡」『古代文化』12—8，1940）はそのときの山内構想からはみ出すものであり，＜縄文土器の底＞を一段と古く，奥深いものとした。しかし，大方の研究者は，おそらくは山内自身も含めて五期区分の早期の中に位置を与えていたのである。ところが，昭和30年頃から，山形県日向洞窟や新潟県卯の木遺跡，小瀬ヶ沢洞窟，

室谷洞窟，長崎県福井洞窟，愛媛県上黒岩洞窟などから，さらに古い縄文土器が二，三型式にとどまらず，続々と発見されるにいたり，縄文土器型式群の六期区分が山内によって改めて提案された（山内・佐藤「縄紋土器の古さ」『科学読売』14—12，1962）。この後しばらくは，従来通りの五期区分の継続を主張して，六期区分に反対する動きがみられ，とくに多勢の研究者の結集によって編集された河出書房新社の『日本の考古学』Ⅱ—縄文時代において，草創期の設定および六期区分を認知しなかったことが記憶されよう（鎌木義昌，1965）。そしてまた，昭和57年の『縄文土器大成』1早・前期（講談社）でも，草創期否定の積極論さえみられるほどに，理解の行き届いていないところがみられる（岡本勇，1982）。その当否の論評は，ひとまず措くとしても，やがて草創期は抜き差しならぬ厳然たる内容をもって，縄文時代最初頭に定着して現在に到っている。しかしなお，草創期と早期との境界については，山内案には賛同しかねる部分が依然として残されている（小林達雄「縄文土器Ⅱ　総論」『縄文文化の研究』Ⅳ，1981）。少なくとも，草創期に編入された撚糸文系土器様式は押型文系土器様式と同時期に併存していた段階が確かにあるのであり，それら同時期の二者を早期と草創期の新・古の時期に分離する矛盾は，いかんとも覆い難い。いずれは撚糸文系土器様式の発現を以って早期とし，これに先行する多縄文系土器様式以前を草創期とすべき合意が得られるであろう。

## 2　編年研究の意義

縄文土器の編年は，多種多様な縄文土器の各々に時間的な新古の順序づけをしながら，それを目盛として，縄文時代の歴史の流れに時間的な尺度を与えるのである。こうして，縄文時代に継起したさまざまな事件を時間的に正確に位置づけ，それらの原因と結果の関係や相互の干渉の内容などが理解しうるところとなる。そもそも考古学を通して，歴史スルことの当面の作業は，いつ，どこで，だれが，なにを，どうしたかという内容を叙述することにあり，時間的要素はその重要な要素の一つである。それ故，縄文時代の叙述のためにも，＜いつ＞という時間的尺度を可能な限り，正確かつ詳細を極める努力が必要とされるのである。換言すれば，縄文土器編年によって，縄文文化・社会の叙述の骨組は安定する。

しかしながら，縄文編年は，もういい加減なものでよいではないかという妥協や，あるいはもっと積極的に編年的研究の停止または中止を働きかけ，たとえば縄文時代の植物食などの研究に転向をすすめる声が叫ばれたりする。かつて，江馬修が八幡一郎に問いかけ，執拗に食い下ったのも，同様な意識に発するのであり，さらに藤森栄一の「いつまで土器をやるのか」に続き，やがて渡辺誠（1981）の「土器編年研究偏重の風潮もそろそろアク抜き」をという趣旨の再三にわたる発言を生むのである。藤森にしろ，渡辺にしろ，土器研究以外の重要課題に取り組んで，注目すべき成果をあげている。これには深甚なる敬意を表するものである。ただ，自らの課題の重要性を強調するあまり，他の研究課題は無意味であるとの断を下すのには賛同し難い。あたかも，走高跳びよりも，高く跳べるからという理由で，棒高跳の御先棒をかつぐことに似ている。

縄文土器の編年の意義を，今さら語るのは，釈迦に説法となりかねないので，しばらく措くとして，ここでは新しい視点がつねに検討され，新しい事実が積み重ねられてきていることを指摘するにとどめよう。つまり，たとえば撚糸文系土器様式ひとつをとってみても，その編年が全く逆転する事実を明らかにしたこと，そしてさらに土器様式の変遷が＜手ぬきの方向性＞を示すものであること，また撚糸文系土器様式の終末の様相を見極めながら，貝殻沈線文系土器様式出現の契機を探ろうとする視点が見えてきたことなど，次々と新局面を展開しつつあるのである。

加えて，関東地方における早期末から前期初頭にかけて，室ノ木式や打越式や下吉井式などの新しい土器群の存在が確認され，それらの編年は近年ようやく完成されたことが注意されよう。こうした成果は，土器に対する研究が，中止，停止の声にもめげず推進されてきたことによってもたらされたものである。縄文土器の編年は，新・古の順序の判定で完結するのではなく，新・古の順序を秩序づけている縄文土器の属性によって，縄文文化・社会の動態を時間的にも空間的にも明らかにしてゆく基礎となるのである。

縄文土器の研究が，ただひたすらに円周率＜$\pi$＞の計算を辛抱強く続けているという風にしか見えないとすれば，原因はむしろ当人も気づかないような相当深刻な問題と考えるべきであろう。

特集●縄文土器の編年

# 縄文土器編年の方法

縄文土器の編年をうち立てるにはどんな方法があるだろうか。各方面にわたる具体的な方法を，新しい視点から検討してみよう

層位学的方法／型式学的方法／組成論／
文様帯論／文様系統論／施文原体の変遷

## 層位学的方法

福岡市教育委員会
■ 山崎純男
（やまさき・すみお）

土器の編年作業は層位学的方法，型式学的方法，遺跡の構造論など多方面からの検討を加えることによって完成する

## 1 はじめに

縄文土器の編年研究は，永い考古学研究史の中で着実に進展し，その成果には一定の評価が与えられている。現在の考古学研究に時間的尺度として果たしている効果は大きいものがある。この土器編年研究の基本的な方法として主に採用されたのが，層位学的方法と型式学的方法である。とくに層位学的方法は，遺物の時間的前後関係を実証するにはきわめて有効である。しかし，土器編年において層位学的方法の有効性が認められたのはそう古いことではない。1919年頃，東北大学の松本彦七郎氏は宮城県里浜，宝ケ峰遺跡の調査において，地質学的な層位学（『地層累重の法則』『地層同定の法則』）を採用し，出土土器を層位ごとにとりあげ，型式学的検討を加えた上で土器の編年を組み，層位学の有効性を明確にした。この松本彦七郎氏の層位学的研究に触発された山内清男，甲野勇，八幡一郎の先学諸氏によって縄文土器編年の全国的な大綱が作成されたことは周知のことである。

最近の考古学研究の動向はさらに精緻化の一途をたどり，土器型式は細分化（時間尺度の緻密化）している。また，遺跡における人間の行動軌跡の解明など遺跡構造論的な研究の進展もみられ，層位学的研究もさらなる進展が要求されつつある。

土器の編年研究は層位学的研究はもちろんのことであるが，これと型式学的研究を組合わせ，両者が一体となって機能することによってはじめてその進展があることに注意する必要がある。

なお，層位学的研究については，最近，麻生優氏が総括的にまとめられているので詳細はそれによられたい[1]。

## 2 土層の生成と形成期間

遺跡における層位学的研究において常に念頭におく必要があるのが，その土層の生成原因と形成期間，土層間の不整合面の存在である。また，土層形成は大別して，人為的行動によるものと自然条件によるものの二種類があり，その判別は容易ではない。以下，若干の例を示しながら標記の問題について検討してみよう。

### （1）人為的土層と問題点

人為的行動によって形成された最も典型的なものとして貝塚があげられる。その形成は以下に示すように複雑で一様ではない。

熊本県下益城郡城南町御領貝塚の場合は「貝層が130cmの厚さに堆積している。この貝層は，

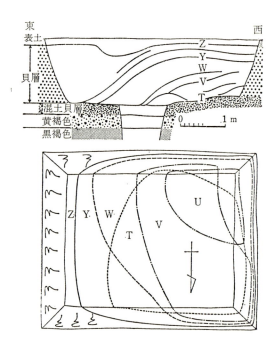

図1 熊本県御領貝塚の断面

西から東南に向かって傾斜する面と、東北から西南に傾斜する斜面が、幾層にも交互に形成されていた。つまり、各層の上面は木炭その他の有機質のものによって、次の層と明らかに区別できる状態で発掘された。とくにY面上には、ハスの実が一面に散乱していたが、それら斜面の上に土器その他の遺物が多く発見された。また一部には焼貝の塊も発見された。このような層の堆積状況は、貝殻が捨てられたときに、水平に堆積したものではなく、はじめに現在の社殿の中心部あたりにうず高く積み上げられ、漸次この山を中心として堆積されたので、その都度、表面に木炭その他の有機物が付着していったもので、その結果、レンズ状の層ができあがっていったものと考える」[2] という状態であった。この貝層の堆積状況は貝塚形成過程を比較的良好に残存している例であろう。貝層と木炭・有機物が交互に反復する周期的な堆積は、貝塚における生産活動を反映している可能性が強い。とくにY面にみられるハスの実の散在は季節性を示しており、木炭・有機物の堆積がY面と同様の状態であったとみれば、貝層と木炭・有機物の堆積は1年ごとの堆積とみることができ、貝塚形成における期間が算出可能となる。

このような貝塚形成を自然遺物の検討・分析から算出した例に、東京都港区伊皿子貝塚がある。ここでは各貝層内容を多方面から分析した結果、85～104層は連続する4年間で形成されていることが判明した。ここでの分析は、ハイガイの採取季節推定データ、クロダイの鱗による個体数および捕獲季節の査定、スズキ、アジの体長組成を基に捕獲期を推定したデータを組合わせ、冬～春には貝を、夏～秋には魚を捕るというサイクルが認められている。なお、伊皿子貝塚の存続年数は20年ぐらいと算定されている[3]。

また、筆者も同様の試みを福岡市東区海の中道遺跡で行なったことがある。海の中道遺跡はやや時期が下り、奈良～平安時代の遺跡である。第3次調査で長径5.4m、短径3.8mの楕円形で高さ約50cm程度の小規模貝塚3ヵ所を確認し、うち第一貝塚を完掘した。層位は10層に分類できる。貝類の数量分析、採取地の違い、魚類の捕獲時、ウニ類の捕獲時期、スクレロ・スポンジ、貝類による石灰生産・製塩活動との総合分析から各層位の堆積時期は第

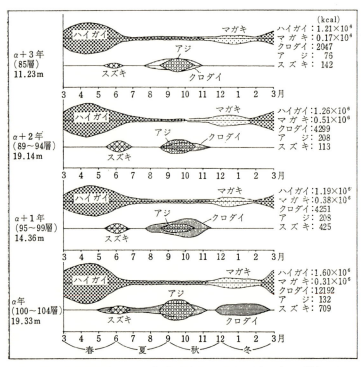

図2 伊皿子貝塚の層序にみる生業暦と想定される4年間各年の魚・貝類カロリー

10層が秋期，第8・9層が冬期，第7層が春期，第2〜6層が夏期，第1層が秋期と想定され，この貝塚の形成期間が約1年によっていることがわかった[4]。このように貝塚の形成過程が良好に残存している場合は，精密な分析と検討を加えることで，その形成期間の算定が可能である。堆積期間の明瞭な層位と，土器型式の綿密な比較検討を積みかさねていけば，土器型式の存続期間も明らかになる可能性がある。

しかし，一般的には貝塚の形成はさらに複雑である。佐賀県宇木汲田貝塚[5]は「堆積の最小単位を把握して，それがどのような構造で貝塚を構成しているのか（廃棄の構造）を検討し，そこに反映される生業にかかわる人間の諸活動を明らかにすること」を目的として実施された。その結果は「一回当りの廃棄単位と考えられる貝・焼土・灰などのブロック状の塊り，それらが破砕され流されたような堆積を示す単位，貝層間に挟ったブロック状の土層などがある。また，平面的な分布からみると 20×20 cm 前後の小範囲なものから，1m をこす範囲にひろがるものがみられ，30〜60 cm ほどの分布をみせるものが多い。その中で，30〜60 cm 以下の範囲にひろがる堆積単位は（中略）ほぼ一回当りの廃棄単位と考えられる。また 1m をこす範囲にひろがる堆積単位は，貝の破損率・量・密度から，それらが破砕され流された堆積単位と考えられる」という結果が得られている。

このように貝塚の場合，多くは堆積と同時に貝塚自体の流れ（崩壊）と再堆積をくりかえしている。とくに貝塚はその立地が斜面や斜面から谷部にかけての場合が多く，貝層中に含まれる遺物も同様に大きく動くのである。このような現象は貝塚形成期だけでなく，後世にも頻繁に発生していたことはいうまでもあるまい。

貝塚以外でも人為的に形成された土層には同様の傾向が指摘できる。例えば当時の湿地に遺物（有機質のものが多い）が投棄されて形成された特殊泥炭層があげられる。この場合はさらに水流や水の作用によって形成時の姿を保つことはきわめて困難である。水中に形成された貝塚も同様である。このように人為的に形成された層位であっても常に自然の攪乱要因が内在していることは注意されねばならない。したがって，遺物の共伴関係を把握するには，層位形成の問題点を充分に検討する必要がある。土器編年に決定打をもつ文化層の重

なりに慎重すぎるほどの充分な検討が必要とされる故である。

貝塚とともに編年に最も適しているとされる洞穴遺跡にも同様の注意が必要である。とくに洞穴遺跡が他の遺跡と異なる点は，常に限定された範囲で生活が行なわれ，他の行動・活動がなされていることである。洞穴遺跡に内蔵される情報量は他と比較にならないほど，莫大なものであるが，その処理の仕方いかんでは，大きな誤りをおかす。とくに場の限定は日常的な攪乱を意味し，墓壙などの遺構は下位の文化層より遺物を上にあげている。遺構の年代決定にはその遺構の切り込み面の確認が必要であり，またその遺構の埋まり方が人為的なものか，自然によったものかのみきわめが必要である。とくに遺構が自然に埋まった場合は包含層の流土で埋まり，逆の編年観を生み出す場合もあるので充分な検討が必要である。

### （2）　自然土層と問題点

人為的層位の形成が部分的なものであるのに対し，自然層位の形成は広範囲におよんでいる。遺跡で注意される自然層位は沖積作用による堆積（自然流路における堆積を含む）と火山灰の堆積である。火山灰については後でのべるので，ここでは板付遺跡の水田[6]を例にとって問題点を検討してみる。板付遺跡の水田は中低段丘の両側にひろがる低位段丘を開田したものであるが，夜臼I式土器の終末に新たに流れ始める自然流路の形成する自然堤防によって埋まる。この自然堤防は4枚の細砂〜砂質土層の水平堆積によって形成され，夜臼I式土器の水田とは凹凸の不整合面を有する。その後，自然流路との間を残して板付I式土器の時期の水田がつくられる。この際，自然堤防形成の上2層は削平される。また自然堤防上には川に沿った部分にこの堤防の形成直後，あるいは時間をあまり経ない段階で自然木が根をおろしていたことが想定できる。板付I式土器の水田耕作土は，上・下2枚存在し，ともに洪水による粗砂の堆積によって，中止・廃棄されている。粗砂層と水田面の状態は夜臼I式の水田と同様である。後の洪水では川沿の自然木も倒れたり，折れたりして，その生命を失っている。洪水層の直上には板付IIa式土器の時期の水田が形成されている。

この層位関係の中に土器型式を含めて考えると，自然層位における利点と問題点がはっきりすると思う。まず，自然流路はその形成期に夜臼I

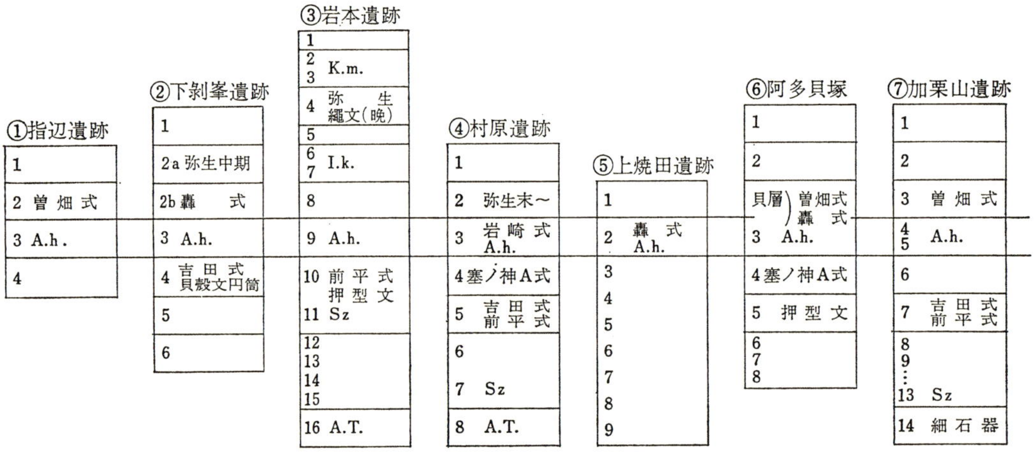

**図 3　アカホヤ火山灰と土器型式の関係**

③岩本遺跡

| | |
|---|---|
| 1 | |
| 2 | |
| 3 | K.m. |
| 4 | 弥　生<br>縄文（晩） |
| 5 | |
| 6 | I.k. |
| 7 | |
| 8 | |
| 9 | A.h. |
| 10 | 前平式<br>押型文 |
| 11 | Sz |
| 12 | |
| 13 | |
| 14 | |
| 15 | |
| 16 | A.T. |

②下剥峯遺跡

| | |
|---|---|
| 1 | |
| 2a | 弥生中期 |
| 2b | 轟　　式 |
| 3 | A.h. |
| 4 | 吉田式<br>貝殻文円筒 |
| 5 | |
| 6 | |

①指辺遺跡

| | |
|---|---|
| 1 | |
| 2 | 曽畑式 |
| 3 | A.h. |
| 4 | |

④村原遺跡

| | |
|---|---|
| 1 | |
| 2 | 弥生末～ |
| 3 | 岩崎式<br>A.h. |
| 4 | 塞ノ神A式 |
| 5 | 吉田式<br>前平式 |
| 6 | |
| 7 | Sz |
| 8 | A.T. |

⑤上焼田遺跡

| | |
|---|---|
| 1 | |
| 2 | 轟式　A.h. |
| 3 | |
| 4 | 塞ノ神A式 |
| 5 | 押型文 |
| 6 | |
| 7 | |
| 8 | |
| 9 | |

⑥阿多貝塚

| | |
|---|---|
| 1 | |
| 2 | |
| 貝層 | 曽畑式<br>轟式 |
| 3 | A.h. |
| 4 | 塞ノ神A式 |
| 5 | 押型文 |
| 6 | |
| 7 | |
| 8 | |

⑦加栗山遺跡

| | |
|---|---|
| 1 | |
| 2 | |
| 3 | 曽畑式 |
| 4 / 5 | A.h. |
| 6 | |
| 7 | 吉田式<br>前平式 |
| 8 / 9 … 13 | Sz |
| 14 | 細石器 |

式期の水田を破壊するために，その川底には洗い出された夜臼I式土器とその共伴遺物が堆積するとともに，川の利用時期である板付I式土器と混在している。この混在の状態は川の蛇行などの侵蝕作用によってさらに進行している。板付遺跡の場合は，土器の型式学的分類と土器の磨滅度などの検討から共伴でなく，混在であることが判明した。河川堆積物については，その共伴関係や層位の上下関係は充分な検討を必要とする。ただし，問題点ばかりではない。沖積作用による堆積は比較的短時間による場合が多く，利点も存在する。洪水による砂層の堆積は短期間に形成されたものであり，それによって倒れた川沿の自然木の年輪を算出するといずれも 27 年を示していた。板付I式土器の時期の水田の存続期間がそれを大きく上まわるものでないことを考慮し，さらに上層の板付IIa式土器の存在，下層の自然堤防の最上層に夜臼IIa式土器が存在することからみて，板付I式土器の存続（使用）期間は約 30 年間前後であることをつかむことができた。

沖積低地の土層堆積とは逆の状態にあるのがやせ尾根の丘陵上にある遺跡である。この場合は土砂の流失が著しく，ある程度の重量の遺物だけがとり残され，各時期の遺物が混在状態で出土し，型式学的方法による分類や共伴遺物として報告される例が多い。この場合でも型式学的方法・分布・層位学的方法を綿密に検討すれば，その分離も可能である。

また，同一層中においても生活面の確認によって層位的重複関係を明らかにすることで，土器型式の分離は可能である[7]。

## 3　火山灰と鍵層

前章では各遺跡における層位関係についてその問題点を指摘したが，ここでは，遺跡間つまり広域範囲における層（鍵層）について火山灰を例にとって検討してみる。最近の地質学分野での研究はめざましい進展がみられ，とくに新期火山灰の研究は考古学とは密接な関連性がある[8]。火山灰の有効性は，その上下の層を明確に分離できるばかりでなく，降灰範囲が広く，その地域の鍵層として大きな役割を果たしている。ここでは南九州の火山灰と縄文時代の関係についての概略をみていく。

現在判明している火口（カルデラ）は，鬼界，阿多，池田，姶良の4ヵ所，火山が開聞，桜島の2ヵ所である。火山に起因する層を古い順に記すと，3～4万年前，阿多カルデラの阿多火砕流（Ata）がある。2.1～2.2万年 B.P. では姶良カルデラの大隅降下軽石（Osp），姶良火山灰（AT）が堆積する。AT は九州～東北の広範囲に降下し，旧石器時代の鍵層として重要視されている。次に堆積するのが桜島降下軽石（Szp）で，分布は西方向に，鹿児島市（吉野台地）を中心に指宿，加世田付近までと国分，溝辺台地付近まで確認され，桜島を離れるにしたがって薄くなる。降下年代は2例の $C^{14}$ 測定があり，10,630±220 年 B.P.，11,200±200 年 B.P. を示す。下層の腐蝕土中に細石器が包含される。

縄文時代に関連して最も重要なのが，鬼界カルデラに起因する寺尾降下軽石（Kyp），幸屋火砕流（Ky），アカホヤ火山灰（Ah）の堆積である。とく

## ⑧桑ノ丸遺跡

| 層 | 内容 |
|---|---|
| 1 | |
| 2 | 指宿式・西平式 A.h. |
| 3a | 塞ノ神A式 |
| 3b | 吉田式・前平式 押型文 |
| 4 | S.z |
| 5 | |
| 6 | A.T. |

## ⑨花ノ木遺跡

| 層 | 内容 |
|---|---|
| 1 | |
| 2 | 深浦式 |
| 3 | 塞ノ神A・B式 押型文・吉田式 前平式・石坂式 貝殻条痕土器 |
| 4 | |
| 5 | A.T. |

## ⑩別府遺跡

| 層 | 内容 |
|---|---|
| 1 | |
| 2 | |
| 3 | 縄文（晩） |
| 4 | 岩崎式・曽畑式・轟式 |
| 5 | A.h. |
| 6 | 平栫式・吉田式・石坂式 / 塞ノ神式 |
| 7 | |
| 8 | |

にアカホヤ火山灰は九州〜近畿にかけて広範囲に降下し，縄文時代の重要な鍵層である。次に池田カルデラの池田降下軽石（Ikp），池田火砕流（Ik）がある。噴出年代は池田軽石層の下層腐蝕土中の $C^{14}$ 年代が 4,640±80 年 B.P. を示しているので，これに近い年代が考えられる。さらに上層に開聞岳の開聞降下スコリア（Km）の堆積があり，噴出年代は開聞岳火山灰層最下部の黄褐色火山灰の風化部の $C^{14}$ 年代が 3,620±140 年 B.P. で，この層より上部のコラと呼ばれる粗粒火山灰層の直下の黒色腐蝕火山灰の $C^{14}$ 年代は 3,520±100 年 B.P. である。

以上のように南九州では多くの火山から噴出した多くの火山灰が堆積しているが，縄文時代の鍵層として最も重要なのは上，下に文化層を有するアカホヤである。池田カルデラ，開聞岳の火山灰も縄文時代の鍵層としての重要性をもっているが，上・下の文化層が不明確で，かつ降下範囲がせまく今後の検討がまたれる。図3は新東晃一氏によってまとめられたアカホヤ火山灰と土器型式の関係図である。これによるとアカホヤ火山灰層を鍵層として上下の土器型式に分けられることは明瞭である。アカホヤ火山灰層より下位に出土する土器は塞ノ神式，平栫式，押型文土器，手向山式，吉田式，前平式，石坂式，貝殻条痕土器，桑ノ丸式（仮称）の各型式があり，上層には轟式，曽畑式をはじめ中・後期の土器が続く。この関係は九州縄文土器編年において重要な問題を提起した。すなわち，従来，土器の型式学的方法や系譜

論から，手向山式は押型文土器に轟式，曽畑式土器が影響，融合関係によって生成されたとする考え方，あるいは轟D式の文様が寒ノ神式土器に踏襲されるという考え方は明確に否定されたわけである。このことは土器編年が型式学的方法のみによって構築されるものでなく，層位学的検証が必要であることを意味している。

ただし，新東晃一氏の提唱する「アカホヤ（Ah）火山灰は，南九州においては以前の文化を消滅させ，新しい文化を導入したと解釈される。このアカホヤ（Ah）火山灰が，南九州の縄文文化に大きな区切りをおこなったことは，土器編年上重要な意味をもち，ここに早期と前期の境界をおきたい」という説は，縄文時代の土器の大区分がその根拠を文化論的な視点においており，火山灰降下堆積などの自然現象による大区分は混乱をまねくおそれがある。また，南九州の部分的現象であることも，多くの問題をふくんでいるように思われる。

## 4 おわりに

層位学と土器編年に若干の私見をのべてきたが，筆者の力量不足でその責を果たすことができなかった。今後，充分な準備の上で再論したい。ただし，土器の編年作業は層位学的方法，型式学的方法，遺跡の構造論など多方面からの検討を加えることによって完成することを強調しおわりとしたい。

註
1) 麻生 優「層位論」『岩波講座日本考古学 1―研究の方法』所収，1985
2) 坪井清足「熊本県御領貝塚」石器時代，8，1967
3) 中村若枝「集落から通った海辺の作業場―東京都港区伊皿子貝塚―」縄文時代Ⅱ，至文堂，1982
4) 山崎純男「福岡市海の中道遺跡出土自然遺物の検討」九州文化史研究所紀要，29，1984
5) 田中博之「唐津市宇木汲田遺跡における 1984 年度の発掘調査」九州文化史研究所紀要，31，1986
6) 山崎純男編『福岡市板付遺跡調査概報』福岡市埋蔵文化財調査報告書，49，1979
7) 山崎純男編『柏原遺跡群Ⅰ』福岡市埋蔵文化財調査報告書，90，1983
8) 新東晃一「火山灰からみた南九州縄文早・前期土器の様相」『鏡山猛先生古稀記念 古文化論攷』1980

# 型式学的方法—貝殻沈線文系土器—
## —変形菱形文の伝統—

國學院大學大學院
高橋　誠
（たかはし・まこと）

貝殻沈線文系土器は「変形菱形文」という要素が重要な鍵を
握っており，大まかな変遷はこれによって摑むことができる

## 1　問題の所在と本稿の趣意

　昭和初年，縄文土器の編年研究の進展とともに最古の土器に対する関心も一層強まったが，そうした中で貝殻沈線文系土器はいち早く研究の俎上にのせられ，関東においては三戸式・田戸下層式・田戸上層式が，また，北海道でも住吉町式が相次いで設定された[1]。その後，南北二系統論を唱えた江坂輝彌が，青森県下で精力的な調査を行なうなど基礎的な資料の提示がなされ，今日までに大まかな枠組が組み立てられた。また，北海道南部から北陸，飛驒に及ぶ広大な分布や地方性も徐々に明らかにされてきた。しかし，該土器の出現と終焉，東北北部における編年序列など，残された問題は多い。資料の蓄積が進んだ現在，それらについて触れ，新しい視点からの検討が改めて必要とされているのである。

　貝殻沈線文系土器の成立と系統については，これまで，東北の日計式押型文土器にその起源を見出そうとする説[2]と，関東の撚糸文系土器からの系統を想定する説[3]とがあった。ところが，1983年の盛岡市大新町遺跡出土資料[4]は前説を強力に裏づけるものであり，日計式からの系統がはっきりしてきた。このように，東北起源説が有利に展開しているが，東北南部・関東にのみ存在するいわゆる竹之内式[5]の位置づけなど，細部の問題は依然として残されている。

　筆者は東北起源説の立場をとるが，このような問題の整理と，貝殻沈線文系土器の動態を捉えるにあたり，本稿で「変形菱形文」と仮称する文様構成要素の存在が重要な鍵を握るものであると考えるに至った。貝殻沈線文系土器の大まかな変遷はこれによってよりスムーズに辿れるし，自らその起源と系統も明らかにできるのである。

　貝殻沈線文系土器の型式変遷についての私見は，編年表（表1）の通りである。貝殻沈線文系土器様式は，変形菱形文の変遷からIa〜IVまで

表1　貝殻沈線文系土器編年表

| | 関 東 | 東北南部 | 東北北部 | 北海道南部 |
|---|---|---|---|---|
| I a | 竹之内 ← | | 日計 | ？ |
| I b | 三戸 ← | 大平 | 大新町 | |
| II | 田戸下層 → | （＋） | 蛇王洞II 白浜・小船渡平 | ノダップI |
| III | 田戸上層 | 明神裏III （＋） 常世 | 千歳 物見台 　寺の沢 | （中野A） |
| IV | 子母口 ← | 大寺 | 吹切沢 | 鳴川 住吉町 |

矢印はタテはスムーズな型式変化，ヨコは影響力を表わす。破線は要検討。

の5段階を辿ることができる。これが，現段階における筆者の大局的理解である。

## 2　変形菱形文の変遷

　**沈線文様の胎動—竹之内式土器—**　貝殻沈線文系土器の最も古い部分に該当する一群としていわゆる竹之内式（図2−1）がある。しかし，その編年的位置，とくに三戸式との関係については必ずしも明確にされていない。

　竹之内式について最も注意すべき点は，そのモチーフである。それは，図1に示したように日計式押型文の基調文様である菱形文を変形させた幾何学文で，竹之内式の場合はスクリーントーン部分が該当する。千葉県カチ内遺跡では，同種の文様を施す日計式と竹之内式が共伴しており，両者の関連性を強くうかがわせる。

　このように，竹之内式のモチーフは日計式との関係が強いことが明らかであるが，出現時期および変遷過程の解明には，撚糸文系土器との関連を無視するわけにはいかない。撚糸文系土器第V様式後半に位置づけられる平坂式系の無文土器は，西関東のほか，北関東・東北南部にも及んでおり，竹之内式およびそれに伴う擦痕文土器も北関東・東北南部に良好な資料がある。両者の分布が日計式の勢力圏であり，かつて撚糸文系土器の主

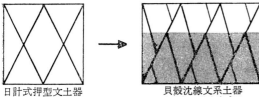

図1 文様模式図

たる分布域ではなかった同地域で重複する点に注意したい。また，竹之内式は擦痕文土器を"キャンバス"にして文様を描く。これらを考え合わせると，平坂式と竹之内式の併行関係，あるいは前者から後者への漸次的変遷が想定できるのである。

如上のことから，竹之内式は日計式のモチーフを沈線文に置換することによって産み出されたもので，土器自体の"作り"については平坂式との関連があり，出現の時期は撚糸文系土器第V様式後半期である。このように，前段階の伝統から抜け切っていない点で竹之内式は三戸式に先行するものとみられ，これが Ia 段階である。

竹之内式と三戸式以降の文様の大きな違いは，小林達雄による装飾性文様Aから装飾性文様Bへの転換[6]とも一致するもので，そこには土器文様構造の大きな画期を認めることができる。

**変形菱形文の確立** 貝殻沈線文系土器の祖型が日計式の中に求められるのではないかということは従来からいわれてきたが，盛岡市大新町遺跡はそうした推論を決定的に裏づけるものであった。すなわち，日計式の基調文様であった菱形文を崩した"変形菱形文"（図1右）を主文様として器面中央に配し，文様施文にリズムをもたせることで装飾性文様AからBへと転換したことにより貝殻沈線文系土器様式の確立をみたのである（図2—2・3）。これが Ib 段階で，同じ変形菱形文様といっても Ia 段階とは意味あいが異なるのである。

Ia 段階は東北南部・関東のみに分布し，短命に終わった段階で，貝殻沈線文系土器の確立に主体的な役割を果たさずに，東北北部において日計式内部から発生した Ib 段階の勢いに一気呵成に席捲されたのである。こうした情勢にこそ，貝殻沈線文系土器の発生期が Ia・Ib の段階に区分される所以がある。

Ib 段階の土器は東日本一帯を一気に席捲したが，ただ，関東の三戸式は竹之内式の多段の文様構成や，条痕文土器，いわゆる伏見式系の太沈線文土器といったタイプを産み出すなど，地域性を保持していた。このことは，次の第II段階の土器群の趨勢にも関わり，注意しておく必要がある。

**"陽"の変形菱形文から"陰"の変形菱形文へ**
関東における三戸式から田戸下層式への型式変遷は極めて連続性が強く，両者に一線を画することは困難であるかにもみえるが，変形菱形文に着眼すると次の点で峻別される。すなわち，Ib 段階ではいわゆる帯状格子目文によって変形菱形文を描き，他の部分は無文としていたのだが，次段階の変形菱形文は2本の沈線により無文部として作出され，それ以外の部分に貝殻腹縁文などの文様が充塡されるのである。つまり，前者の変形菱形文の占める位置が"陽"であったのに対し，後者では主格が逆転して"陰"の部分となり，有文部と無文部がちょうど逆転するのである。こうした変化は，北海道・東北北部の土器群にも同様にみられ，各々の併行関係も明らかとなる。特異な様相をみせる蛇王洞II式も，この観点からすれば例外的なものではないことが理解されよう。

このように，変形菱形文の"陽"から"陰"への転換は東日本全体にほぼ一律的であり，これをもって第II段階を設定することができる。

ただし，第II段階に到ると土器文様の斉一性はやや弱まり，地方性が強まる面もある。関東では Ib 段階以来，変形菱形文の伝統が根づき，その影響力は東北南部にまで及ぶ。それに対して東北北部では，変形菱形文の伝統は緩み，貝殻文を盛んに用いる傾向をみせる。変形菱形文の伝統が全く棄却されたのではないが，組成に占める比率は極めて低くなる。また，北海道南部はこれと同一の歩調をとるかのようだが，ノダップI式の縄文使用は極めて独自性が強い。函館空港第6地点もこれに併行するであろう。こうした情勢は次段階へも引き継がれ，とくに東北北部において地域性を顕現させる結果となる。

なお，第II段階では波状口縁が出現する。変形菱形文の伝統が強い関東の田戸下層式にいち早くみられることは，文様と器形に密接な関連をうかがわせ，次段階でより一層の波状口縁の盛行となる。

**二系列の型式変遷** 第II段階から第III段階への型式変遷には，大きく二系列の流れが認められる。その一つは，関東の田戸下層式から田戸上層

23

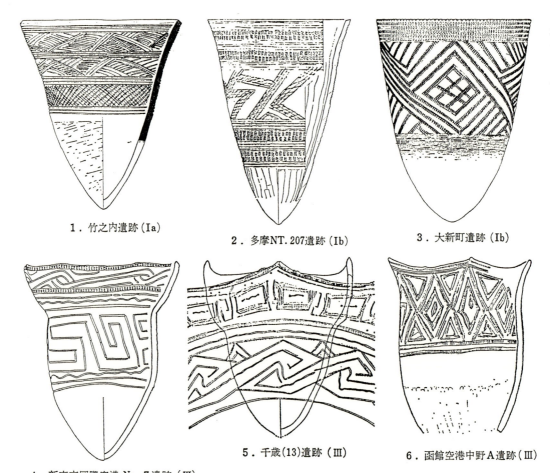

1. 竹之内遺跡（Ia）　2. 多摩NT.207遺跡（Ib）　3. 大新町遺跡（Ib）
4. 新東京国際空港 No.7遺跡（Ⅲ）　5. 千歳(13)遺跡（Ⅲ）　6. 函館空港中野A遺跡（Ⅲ）

図2　貝殻沈線文系土器の変遷　（ ）は各段階

式への変化で，変形菱形文の伝統を根強く引き継いだ流れである。他の一つは，東北北部の白浜・小船渡平式から寺の沢式への変化で，変形菱形文の伝統からいち早く脱脚した系列とみることができる。

　関東の田戸上層式は，キャリパー形風の独特な器形に，前段階からの変化に若干の飛躍を感じさせる。一方，その文様において図2-4の口縁部文様構成のように，変形菱形文が曲線化しながらも，入組文のようになって残存している点をみれば，明らかに第Ⅱ段階の系譜を引いていることがわかる。東北北部の千歳式（図2-5）は遠隔地にありながら，田戸上層式と極めて強い類似を示す。これは，田戸上層式との強力な関係を物語るものであり，両者が同根同系列であることを示す。また，いわゆる物見台式は北海道の中野A遺跡例（図2-6）に器形などで強い類似をみせる。これら田戸上層式と物見台式の2つのグループ

は，変形菱形文の伝統をひく点から大きく1つの系列にまとめることができる。また，東北南部の明神裏Ⅲ式・常世式も，そうした観点からみれば同じ系列に属することは容易に理解されよう。これを田戸上層系列とする。

　一方，東北北部，とくに青森・岩手両県にまたがる南部地方には白浜式などの貝殻腹縁文を多用する伝統の寺の沢式が局地的に分布する[7]。白浜式などに若干残った変形菱形文の伝統は全く捨象されて，独自の路線を歩んでいるのである。これが寺の沢系列である。

　このように，東北北部では田戸上層系列と寺の沢系列が併立していたと考えられる。東北北部の第Ⅱ段階は変形菱形文を施文するものが少なく，千歳式・物見台式の祖型とは成り得ないし，白浜式などから寺の沢式への変遷は確定的とみてよい。今後は，これら2系列の併行・伴出関係を綿密に検証してゆく必要があろう。これは，貝殻沈

線文系土器様式後半期の東北北部における集団関係などを考察する上でも重要な問題とみなくてはならない。

第Ⅱ段階における変形菱形文の"陽"から"陰"への格の逆転は、充塡文様の発展を捉し、装飾的効果をより高めた。一方で、変形菱形文自体は極端に変形し、入組文や渦巻文のように曲線化する。しかし、文様のリズムはより明瞭となる。波状口縁の盛行は、この点が大きな要因だったのであろう。また、関東から北海道南部まで、あまりにも強い類似を示す土器群の出現は、広範囲の強力なコミュニケーションを想定させるが、すでに一部では異なった伝統が成立しており、以後の展開に大きな影響を与えることとなる。

かくて、第Ⅲ段階は変形菱形文の変形の強勢と、地域的諸様相の顕現が注意されよう。

**貝殻沈線文系土器様式の終焉**　第Ⅲ段階に顕在化した地域相は、第Ⅳ段階に至って再び斉一化する。それは、東北北部に局地的に展開した寺の沢系列が独自の発展を遂げ、吹切沢式を産み出して東北南部・関東に勢力をのばしたことによる。換言すれば、変形菱形文の伝統に執着した田戸上層系列が新しい波に席捲されたものともいえよう。

吹切沢式の系統は、狭い口縁部文様帯とそこに施される刺突文、貝殻文の多用、鋭角な尖底などに特徴づけられる。その影響力は、なお変形菱形文の名残りを留める北海道南部にも確実に影響を及ぼしているし、東北南部の大寺式や関東の子母口式も、各々前段階からの系譜を考えるべき部分をもつが、吹切沢式との関連は極めて強いといえる。とくに、根強い伝統を誇った変形菱形文がみられないことや、第Ⅲ段階の丸底底部から尖底への逆行は強力な外在的な要因なくしてはその成立を理解し得ないのではないだろうか。

第Ⅱ段階以来、関東に根づいた変形菱形文の伝統は、"本場"東北北部の巻き返しによって幕を閉じた。そして、新風がもたらされたのが第Ⅳ段階である。しかし、貝殻沈線文系土器様式は急速に終焉へと向かい、間もなく新しい様式との交代を迎えることになるのであるが、その間の事情は依然として不明な点が多い。ただ、変形菱形文の伝統が終わったことが、貝殻沈線文系土器様式の終焉の大きな引き金になったことだけは確かなのである。

## 3　まとめ

貝殻沈線文系土器の動態は、変形菱形文の変遷により大まかな流れを摑むことができる。

1.　Ⅰa 段階は日計式のモチーフを沈線文化して受容するが、装飾性文様Aの範疇を脱しきれずに従来の伝統を残す。分布域は東北南部・関東のみで、貝殻沈線文系土器様式の確立に関しては大きな役割りを果たさずに短命に終わる。

2.　Ⅰb 段階は装飾性文様Bへと転換し、貝殻沈線文系土器様式の確立期である。その祖型は東北北部の日計式に求められ、Ⅰa 段階の分布域を一気に席捲する。

3.　第Ⅱ段階では、変形菱形文が"陽"から"陰"への主格の逆転により次第に前面に出なくなり、意味合いが薄れてゆく。東北北部では存在感が薄れ、独自の路線を歩み始める。

4.　第Ⅲ段階における変形菱形文は、入組文様や渦巻文のようになって残存する。一方、東北北部には変形菱形文の伝統から離れた別系列が確立し、型式変遷は二系列化する。

5.　第Ⅳ段階では、東北北部の系列が強い影響力を発揮して変形菱形文の伝統を席捲する。しかし、その後の様式に至る間の事情には不明な点が多い。

以上のように、貝殻沈線文系土器の大まかな流れは、"変形菱形文"の変遷を指標としてより明確に捉えることができるし、様式の個性もまた明らかになってくるのである。

註
1)　山内清男「縄紋土器の起源」ドルメン、1—5、1932
2)　林　謙作「東北」日本の考古学Ⅱ—縄文時代、河出書房新社、1965　他に西川博孝らがいる。
3)　岡本　勇「関東」註 2) に同じ。他に鈴木道之助らがいる。
4)　八木光則ほか『大館遺跡群大新町遺跡』盛岡市教育委員会、1983
5)　馬目順一『竹之内遺跡』いわき市教育委員会、1982
6)　小林達雄「土器文様が語る縄文人の世界観」日本古代史3宇宙への祈り、集英社、1986
7)　名久井文明「貝殻文尖底土器」縄文文化の研究3、雄山閣、1982

# 型式学的方法—連弧文土器—
—その変遷を中心に—

多摩市教育委員会
**山崎和巳**
（やまざき・かずみ）

> 西南関東で独自に生成された連弧文土器は加曽利E式第II段
> 階に発生し，その後4段階程度の変遷をへて衰退してしまう

連弧文土器とはその名の如く，一定の器形に沈線で連続弧線文を描出する土器群である。そして，加曽利E式土器，曽利式土器と並んで，西南関東地方を中心に行なわれた特徴的な形態を示す様式であり，前二者とはその出自，展開の系統を別にするものである。編年的には，縄文時代中期後半加曽利E式第II段階〜第V段階[1]に位置する。この連弧文土器に関しては，能登健氏[2]，秋山道生氏[3,4]をはじめとして多くの研究があり，その変遷や編年的位置づけはかなり明確化してきた。ここでは，諸氏の研究を踏まえ，連弧文土器の型式分類と各型式の系統的把握を通して，主に西南関東における変遷と様相を窺い，編年的位置づけを再確認することとしたい。なお，型式（type）概念は基本的に小林達雄氏[5]の論考に準拠する。

## 1 連弧文土器の主要な型式（type）

連弧文土器は，基本的に図右上器形の口縁部および胴中半の括れ部に2〜3本の沈線を廻らし，上・下に文様を区分する文様構成をとる。そして，体部の上・下両方，あるいはどちらか一方に弧線文を描出する土器群である。

主文様モチーフである弧線文には，横位に弧を連続させる連弧文と，波状を呈する波状文とがある。弧の本数は2〜4本単位まであるが，3本単位を主体とする。弧の段も1〜3段まであるが，1，2段が多い。弧の単位は，上部が4〜17単位，下部が4〜10単位まで管見に触れた。そのうち主流は，上部が6〜8単位，下部が6・7単位である。

従モチーフとしては，懸垂文，渦巻文，楕円区画文，枠状文，円文などがある。これらが主モチーフである弧線文と結びつき，土器の文様を構成している。そのため，一見単純なモチーフだが，その組合わせによりかなりのバラエティーが存在する。具体的な連弧文土器の型式分類にあたっては，上・下文様の組合わせ，文様構成，器形の異

同により13型式以上が区別される。図はその主要な型式と，系統的な変遷を示したものである。なお，図点線右の各型式は，各段階で単発的に出現したり，量的に少ないものなどである。以下，主な型式を示すと次のようである。

1型式—上部に弧線文，下部に懸垂文を描出する型式（1，6，14，30，7，15，31，40）。2型式—上・下に連弧文を描出する型式（16，17，32）。3型式—1，2型式の融合したもので，下部の連弧文下に懸垂文を描出する型式（2，3，8，9，18，33）。4型式—上・下に明確な波状文を描出する型式（10，19，34）。5型式—弧線文とその上部の沈線間に枠状の楕円区画文を描出する型式（22）。区画文は口縁下のみに描出するものと，括れ部直下にも描出するものがある。6型式—体部の上・下どちらかに無文部を作出する型式（23）。7型式—1型式同様の文様構成をとるが，口縁部に沈線を廻らさず，口縁直下に2本単位で連弧文を描出する型式（25）。器形は球状の胴部を呈するのが特徴である。8型式—7型式類似の文様であるが，胴部で分帯せず，口縁部から懸垂文を描出する型式（26）。9型式—胴部で分帯せず，多段に弧線文を描出する型式。連弧文（4，20，21，35）と，波状文（24，36）を描出する二者がある。10型式—文様区の構成が多段の型式。上半は弧線文，中半は弧線文や無文，下半は⊓状文を描出する。弧線が直線化しているものも多い。11型式—上部の弧線文間に渦巻文を描出する型式（12，27）。その他，胴部の括れない器形を呈し，8型式と同じ文様構成の12型式（11，37，38），同器形で，弧線文のみ描出する13型式（5，29）などが存在する。

以上の型式のうち，1〜3・5・11型式には，上部の弧線文と胴括れ部との間に，懸垂文や三角状文により，枠状文を描出するもの(12)がある。また，口縁部や括れ部に刺突文が附加されるものがある。刺突文は，上・下から施し波状文を描出する交互刺突文（A種）（2，12，27）と，一方向から

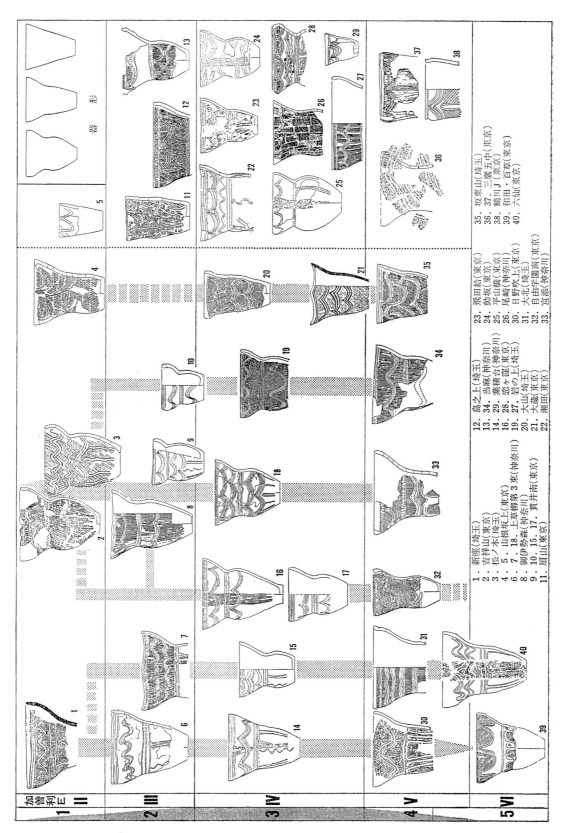

連弧文土器の主要な型式（type）と変遷

の不整形ないし円形の連続刺突文（B種）（31, 33, 40），に大別できる。後述するが，概ね（古）A→B（新）という時間的変化が辿れる。型式との関係は，1, 2, 5, 10, 11 型式に主に描出され，これらに比べて量的に少ないが，3 型式にも認められる。

このほか，関連する土器として，咲畑系型式[6]などと呼称されているものがある（13, 28）。口縁部が内湾し，頸部で大きく括れる器形，口縁部に渦巻文，頸部や胴部に弧線文を描出する文様構成は咲畑式に通じるものである。連弧文土器とは基本的に形態・文様構成が異なり，別系統と言える。しかし，密接な関係であるため併せて図示した。さらに，連弧文土器と器形，手法などは同一だが，弧線文モチーフを描出しない連弧文系土器[6]などと呼称されているものがある。量的には多くないが，連弧文土器の範型や，系統を考える上で注意される。連弧文土器同様幾つかの型式が存在するが，ここでは割愛する。

## 2 連弧文土器の変遷―各段階の様相

連弧文土器の各型式は，加曽利E式土器，曽利式土器との伴出関係などから，新旧段階を区別することができる。ここでは，加曽利E式土器の段階区分[1]に準拠し，連弧文土器を5段階に区分し，その変遷を捉えたい。

第1段階　加曽利E式第II段階。連弧文土器発生期である。現在までのところ本段階の遺跡数は5遺跡程度と少ない。東京都吉祥山遺跡28号住居址，山根坂上遺跡B3号住居址，埼玉県新座遺跡5号住居址，長野県居沢尾根遺跡9号住居址などがあげられる。居沢尾根遺跡を除き，武蔵野台地北部，狭山丘陵周辺に分布していることは非常に興味深い。型式数は少なく，1, 3, 9, 12型式が存在する。弧線文は波状文が主であり，従モチーフとしての蛇行懸垂文が多用されている。弧線文描出技法は，ほとんどが竹管状工具による腹面描出[4]である。そのため，弧線文は2本単位で描出されるものが多い。地文は縄文を主体とする。また，交互刺突文（A種）は本期から認められる。

第2段階　加曽利E式第III段階。連弧文土器のスタイルが確立する成立期。本段階の遺跡数は，西南関東では15遺跡ほどで，前段階より若干増加する。本段階は，連弧文土器の基本タイプと考えられる1～3型式が増加する。また，11, 咲畑系型式が本段階に登場する。咲畑系型式の出現は，本段階に咲畑式の影響が大きく及んだことを窺わせる。11型式は埼玉県西部を中心に，咲畑系型式は長野県の下伊那，八ヶ岳南麓，静岡県，神奈川県西部から武蔵野台地に主に分布している。本段階の弧線文モチーフは波状文が減少し，連弧文が増加する。前段階のものに比べると，やや定形化し，弧線の数も3本単位のものが増す。弧線文描出技法は腹面描出が減少し，背面描出が増加する。地文は縄文約35％，撚糸文約25％，条線文ほか約40％と，条線文の増加が目立つ。刺突文はA種（多），B種（少）である。

第3段階　加曽利E式第IV段階。連弧文土器が加曽利E式土器を席捲し，土器組成の主体を占める盛行・発展期である。西南関東において，連弧文土器を出土する本段階の遺跡は，約100ヵ所を数えるまでになる。量的に主体を成す型式は，1, 2型式であるが，連弧文土器に見られるバラエティーが出揃い，多種多様な型式が出現する。さながら，百花繚乱の如くである。本段階に増加する型式としては，枠状の楕円区画文を描出する5型式がある。加曽利E式あるいは咲畑式の口縁部模倣と考えられ，11, 咲畑系型式との関連性を窺いさせるものである。しかし，その存在期間は本期を主体に短期間で，主流型式ではない。5型式は武蔵野台地～大宮台地にかけて比較的多く分布する。一方，相模野台地では，2, 3, 4型式が比較的安定して分布する。また，6型式のうち，下半部が無文のものが武蔵野台地を中心に増加する。7, 8型式も本期に登場する。秋山道生氏の指摘[4]の如く，後者は八ヶ岳南麓に多い型式で，系統的に曽利II式の渦巻つなぎ弧文の系譜を引くものと思われる。

このように，西南関東において分布する連弧文土器には，加曽利E式，曽利式の影響を色濃く示すもの，そして，在地で基本的型式として成立した連弧文と，幾つかの系統と小地域性が存在するようである。

本段階のモチーフの特徴として，弧線文が前段階に比べ一層めりはりのある定形化したものとなり，普遍化し，弧線も3本単位が主流になることがあげられる。そして弧線文の描出技法は，背面描出が約9割を占めるに至る。この2～3段階におけるモチーフの変化について秋山氏は，咲畑式の影響によるものと述べており[4]，賛同できるも

のである。また上部の連弧文下に，枠状文を描出するものが増加するのも本段階からである。この枠状文は，弧線文モチーフから垂下した懸垂文から，懸垂文の枠状化（1～3 段階），さらに枠状の連結，三角文化（2～3 段階），そして，円文（4 段階）へと概ね変化が辿れるようである[7]。

刺突文は，A種とB種がほぼ同数見られる。本期までの変化を見ると，A種は概して古い段階のものに多い。連弧文土器の基本的刺突文で，その出自は連弧文土器の出自とも関連するものと考えている。地文は，縄文約 30％，撚糸文約 20％，条線文約 50％ となり，条線文の割合がさらに増す。本段階および次の第 4 段階 における 地文の変化は，安孫子昭二氏が述べている地文の伝承[8]や，加曽利E式，曽利式，唐草文土器の影響力の干満によるものといえよう。

**第 4 段階** 加曽利E式第Ⅴ段階前半。土器組成において加曽利E式土器が増加，復興し，代わって連弧文土器が減少する衰退・消滅期である。描出手法に，磨消縄文手法が使用されるのが最大の特徴である。型式は前段階までのバラエティーがなくなり，1～3 型式が主体となる。また，11 型式は存在 する が，咲畑系型式は消失する。さらに，多段文様区の 10 型式が増加する。弧線文は再び波状文が中心となり，簡略化し文様の崩れが目立つ。弧線の数も再び 2 本単位がやや多くなる。弧線文描出法は，すべて背面手法により行なわれる。地文は縄文約 45％，撚糸文約 25％，条線文約 30％ となり，縄文が再び増加する。刺突文はB種が主体となる。本段階は，連弧文土器の型式として最後の様相が見られる段階である。また，周辺地域への波及期であり，大宮台地～東関東および北関東では，本段階の連弧文土器が増加する。

**第 5 段階** 加曽利E式第Ⅴ段階後半～第Ⅵ段階。ほとんどは加曽利E式土器に同化してしまっているが，わずかに連弧文土器の形骸化したものが残存し，その終焉を物語っている（40）。加曽利E式土器における連弧文土器の残影型式は，口縁部の沈線を消失しているが，上・下に文様を分帯し，上部に波状文を描出する構成をとる（39）。それは，第 4 段階の 1 型式からの変化が辿れるものである。器形は，キャリパー形から変化した土器以上に，胴部の括れが 強く意識 されている。また，一部の加曽利E式土器に円形刺突文が施され

るのも，連弧文土器の影響 による ものと言えよう。このように，第Ⅵ段階における加曽利E式土器の波状沈線文型式の成立には，その器形とともに，連弧文土器の要素が多分に影響していると考えられる。

## 3 ま と め

連弧文土器は，4 段階程度の変遷が窺える土器群である。その母体は，加曽利E式第Ⅱ段階に発生している。しかし，その出自に関しては，現段階では加曽利E式，曽利式には系統的にその祖型は見出せない。その意味では，西南関東で独自に生成された土器と言える。だが，東海地方や，その影響を受けた下伊那地方では，加曽利E式第Ⅱ段階併行の土器群には弧線文モチーフはすでに確立している。それを考えると，本地域にも，咲畑式の成立直前に弧線文モチーフとその手法の影響が及んでいたことが考えられる。ともかく，次の第Ⅲ段階には連弧文土器としてのスタイルが確立し，第Ⅳ段階には加曽利E式土器を凌駕し，土器組成の中心を占めるに至る。しかし，そのイニシアティブもわずか 1 段階ほどにすぎず，早くも次の第Ⅴ段階前半には衰退の一途を辿り，渦巻文モチーフの加曽利E式土器の変化と呼応し，その要素は同化・融合してしまう。こうして，連弧文土器の要素も受容し，第Ⅵ段階における加曽利E式の一型式が成立 するが，その加曽利E式土器自体，すぐに飽和状態を迎え，新たな様式を創出していくのである（第Ⅶ段階）。

**註**
1) 安孫子昭二・秋山道生・中西　充「東京・埼玉における縄文中期後半土器の編年」神奈川考古，10，1980
2) 能登　健「縄文文化解明における地域研究のあり方」信濃，27—2，1975
3) 秋山道生 ほか『恋ヶ窪遺跡調査報告Ⅰ』『恋ヶ窪遺跡調査報告Ⅱ』国分寺市教育委員会，1979，1980
4) 秋山道生「縄文時代中期後半における弧線文の系譜—関東地方以西を中心として—」古代，80，1985
5) 小林達雄「型式・様式・形式」日本原始美術大系，2，1977
6) 桐生直彦「連弧文土器」縄文文化の研究，4，1981
7) 白石浩之『当麻遺跡・上依知遺跡』神奈川県教育委員会，1977
8) 安孫子昭二「1978 年の考古学界 の 動向—縄文時代（東日本）」考古学ジャーナル，165，1979
　なお，図版作成用の文献は割愛させていただいた。

# 型式学的方法──加曽利B式土器──

──磨消縄紋土器群の分析──

東京大学文学部助手
## 大塚達朗
（おおつか・たつろう）

> 加曽利B2式土器の磨消縄紋の見直しによって土器の新古を型
> 式学的に明確にし，B2式，B3式の編年的基準を再提示する

## 1　学史（抄）と問題の所在

　関東地方縄紋時代後期中葉に位置づけられる加曽利B式土器は，山内清男博士による縄紋土器型式編年研究におけるいわゆる薄手式土器の細別型式の確定という一連の作業の中で，千葉県加曽利貝塚B地点出土器に端を発し型式設定がなされた。そして『日本先史土器図譜』の時点で，「古い部分，中位の部分，新しい部分」と暫定的に分けられ，戦後，『日本原始美術』Ｉの図版解説で，B1・2式標本土器の追加および該式の磨消縄紋の内容補足がなされ，体系的整理が完了していたと思われ，「縄紋草創期の諸問題」所収の編年表には加曽利B1・2・3式という三細別が明記されている。しかし，山内博士が直接示した標本資料を振り返って見るに，加曽利B1式は比較的多くの標本に恵まれ「全体の構成」を理解する上で基本となる土器が揃っており，B1式自体の変遷を解明する上で重要な土器が網羅されていると考えるが，B2式は「斜線を加えた特有の文様帯が一つの特徴」をなす土器は多いものの磨消縄紋土器を欠落させ，「全体の構成を示す」べき形では資料を揃えておらず（これは明確な意図に基づいている），1964年時点での追加と内容補足が数少ない手掛りとなるだけであり，また，B3式については器形上・紋様上の特徴が略述されるだけになっている。したがって，その後さまざまな解釈がとくにB2・B3式を巡って輩出しているのは無理からぬことである（われわれの側の怠惰も認めなければならない）が，最近はB1式までも雲行きが怪しくなっている始末である。

　では，学史上有名だが存外問題の多い加曽利B式をいかにして理解すべきなのか。小稿はこの課題に対し加曽利B式磨消縄紋土器群の分析から迫ることを目的とする。何故ならば，図譜における山内博士の加曽利B式の記述を追うと，B1式は「並行線化した磨消縄紋」が主紋様で，B2式は「並行線化したものは少くなり，性質が変って来る」のであって（その性質の変化は1964年に補足説明される），B3式の「磨消縄紋は帯状又は弧線」が中心となるとの如く磨消縄紋の変遷と各式との対応が語られていると考え得るからである。今回はB2式を中心にB3式との弁別を論究する。

## 2　分　析

　まず，本稿の前提となる筆者の認識について提示しておく。最初に加曽利B1式の終末を示す。B1式の紋様変遷を概観すると，並行線化した磨消縄紋が固定し，次に区切り手法が加えられ，そして各種単位紋が組み合う段階へと移行し，並行線紋化した磨消縄紋自体の変化が始まり，一方，単位紋中「の」の字単位紋は一筆書き風から弧線紋の組合わせで表出されるようになり，新たに区切紋へと変化し対弧紋や蛇行沈線紋へと変容してしまう（従来の区切紋も様相を変えつつ遺存する）。そこで，弧線紋二個一対の区切紋が完成する段階の直前でB1式終末と考えた（図2〜4）。二個一対の対弧紋の登場と並行しB2式を飾る蛇行沈線紋も整って行くからである。なお，この間に並行線化した磨消縄紋自体は長円形紋や上下対向する弧線紋に変わってしまうものが出現する。

　次に，B1式以降の変遷を考える上で指標となる土器を示す。「三単位の突起を口縁部にもち胴部が括れる深鉢形土器」は如上のB1式の変化をよく受け継ぐ（それら各様の紋様を頸部にすべて嵌め込むものから頸部・胴部に振り分けるもの等々各種系列を生じる）と評価できる。そこで，分布が西部関東に偏るにしても該種土器をB1式以降の変遷を見る際の基軸の一つに据えるべきとなる。該種土器で最も典型的な紋様の上下対向の弧線紋間に縄紋施紋がある磨消縄紋は，B2式初頭，図9の上下対向弧線紋の内側に縄文施紋されるのが図5のように上下対向弧線紋と入組単位紋とが組合い単位紋中に縄紋施紋することから施紋部が逆転し

て形成され，以後この紋様をもつ該種土器は数段階の細かい変遷が窺える。

筆者も参加した埼玉県寿能泥炭層遺跡の調査では，該種土器と西部関東にもう一つ特徴的な「そろばん玉状の体部をもつ土器」と東部関東の斜沈線紋土器とが組成化する様相がかなり明確にされた。そこでは，体部そろばん玉状の土器の代表的な紋様の磨消弧線紋をもつ仲間では，弧線紋連結部に刺突のみと，縦沈線と刺突が加わるものなどの別があり，また，張り出し部に刻紋帯が加わるものと帯縄紋が巡るものの別があり，器形上鉢形に始まり深鉢形が後で加わり，突出する無紋の口縁部は後出的で，それら紋様上・器形上の組合い方から少なくとも三段階の変遷は認められる。そして，体部下半を数段の羽状沈線紋ではなく長い斜条線紋で覆う類はＢ３式と考えている。というのも，千葉県西広貝塚のＢ２式期住居址を切る住居址中の波状口縁で口縁部端に刻紋帯を有し直下に縄紋帯を配す「頸部の分立した底の小形な」深鉢形のまとまりと，戦前報告の茨城県広畑貝塚でのその文化層の存在で，該種深鉢形土器をＢ３式の基準とし，千葉県八祖遺跡で問題としている体部そろばん玉状の土器と該種深鉢が出土し，両者の並行関係を示唆すると考えるからである。これを踏まえ以下の分析に入る。

さて，寿能の「三単位の突起を口縁部にもち胴部が括れる深鉢形土器」二例（図６・16）は西部関東のみならず東部関東のＢ２・３式を考える上で重要な手掛りを与えてくれる。２例の磨消縄紋の単位紋に注目したい。６の土器は突起下に位置するところに二重の弧線紋があり右側に突出するような曲線が配され，その中を縄紋が施紋されいわば「ト」の字状の磨消縄紋が構成される（この紋様は図１のＢ１式の単位紋に由来すると考える）。16の方は６と違い突起下と波底部下にも類似の単位紋が配され，６の単位紋と大きく異なるのは右側に突出する先端が開く点である。「ト」の字単位紋の突出部端が開くものへ変化したと考えられる（６→16）。この点は口縁部の様相からも窺える。６と16の間に大森貝塚例（図10，単位紋自体は別系統）を置いて波底部に付く小突起の有無，突起とその小突起間の沈線（本来該種にはない）の有無を見ると，６→10→16と変化すると考えなければなるまい。図７の寿能例は頸部に６の「ト」の字紋の紋様描線をそのままうつし，縄紋施紋部を反転

させて「つ」の字状の磨消縄紋を形成しているのである。図11の別の寿能例はそろばん玉状の体部上半に，縦区画の二重弧線紋の一方を省略した形で縄紋施紋部が反転した「つ」の字磨消縄紋を有する土器（張り出し部は刻紋帯が巡る）である。今検討した如く６と７・11の磨消縄紋は発生的に親縁関係にあり時期的に近いと思われるが，11はやや新しいかもしれない。

他方，長野方面のそろばん玉状の体部をもつ図21・22は張り出し部に刻紋帯をもたず，22は突出する口縁部をもつ。まずその点で21と22は11より新しい。21は紋様突出部の先端が開く16と同趣の「ト」の字紋を有する。関東では図12があり16の紋様により近い。他方，22の紋様は「つ」の字紋の内側に大きく貫入する無紋部の端が開き，その描線はほぼ平行線状になっており，その上下に縄紋が施紋されるだけで，正確には「つ」の字状の磨消縄紋になっていないので，これは16や12・21より後出的で体部下半がはっきりしないがＢ３式とすべきかもしれない。少なくとも６・７・11と12・16・21・22は大きく見て時期差の所作で，「ト」の字紋とそれに由来する「つ」の字紋はそれぞれ突出部／貫入部の端が開いたものへと変化し，その密接な関係と器種的組列の安定した展開とが窺えるであろう。開放型の紋様となるのは現資料中12・16を基準にするならＢ２式の新しい段階をあまり遡らないかとも思われる。この点は，「ト」の字／「つ」の字磨消縄紋系列が東部関東の紋様系列の生成展開に関与するので，それの編年的位置に重要な知見を与える。次にその東部関東的紋様系列の検討に移る。

図13の千葉県姥山貝塚出土土器は人によってはＢ３式に比定される土器で，胴部に入組紋を連続させている。同じ紋様は別器種（例：図15）にも採用される。寿能にはＢ２式に伴って紋様・器形上姥山例の祖形となる土器が出土している（図８，括れ部には竹管の刺突が巡り，この異系統紋様の出自を探る上で重要である）。８→13・15と見ると，大きな変化は入組紋中に無紋部がより貫入することである。この点に留意したい。図17・18・23・27はＢ３式土器である。18・23・27は口縁部端に刻紋帯，その直下に縄紋帯をもち，括れ部に沈線区画を伴う刻紋帯が巡り，胴部に弧線を組合わせた磨消縄紋を有する波状口縁深鉢形土器である。

図17の壺形土器は18の胴部紋様の全形が窺

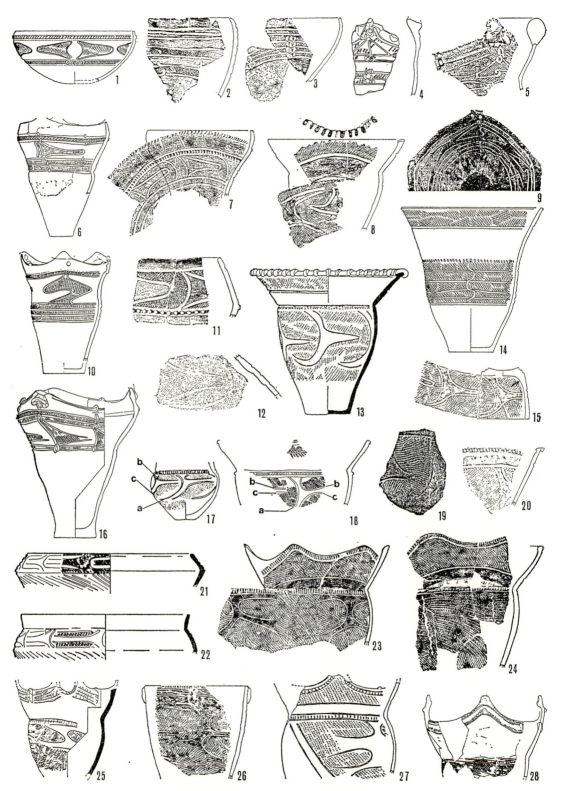

加曽利B式土器の変遷（曽谷式を含む）

1：神明貝塚　2〜4, 6〜8, 11・16：寿能　5：東正院　9：福田貝塚　10・20：大森貝塚　12：皿沼　13：姥山貝塚　14：金洗沢　15：大貫落神　17：井野長割　18：矢作貝塚　19：余山貝塚　21・22：十二の后　23・24・28：西広貝塚　25：中沢貝塚　26：小山台貝塚　27：貝の花貝塚（縮尺不同）

32

える例と考える。今仮に 17・18 の胴部紋様の弧線の描線に a，b，c と符号付けして 13 の胴部紋様と比較して見ると，a に相当する描線は 13 から容易に見い出せよう。c と類似した部分も 13 にはある。そこで，13 の描線 a に相当する描線に向って大きく貫入する描線が二つに分離して描線 b・c が発生したと考えるべきであろう。ただし描線 b について 13 と比較して形状の隔たりが大きく，15 と比しても弧線化の度合が違う点は一考を要しよう。

　23 の場合は，描線 a，b，c に相当するものがさらに変化し，とくに描線 a，b に相当するものはより強く弧線化し括れ部の刻紋帯に接しない。27（B 2 式とする者がいる）では描線 a に相当する部分が弧線ではなく直線的になり，23 のような構成の描線 b，c 相当の他に新たに括れ部刻紋帯に接する描線を加え，磨消縄紋中に無紋部の貫入が 2 ヵ所になる例である。つまり 23 や 27 は 18 より新しく位置づけねばならない。また，B 3 式の弧線紋が組み合った磨消縄紋は曽谷式にも引き継がれ，25 や 26 のような変化を生じている。

　要するに，8 の例などをほぼ登場期の例とする磨消入組紋は以後入組部へ無紋部が大きく貫入し，その後貫入した無紋部先端が開くのが端緒となり，弧線を組み合わせた磨消縄紋へと変容して曽谷式へ至るのである。そこで問題は何故入組紋中に貫入する無紋部の端が開くかである。8→13 のように無紋部が大きく貫入することに始まり，貫入した部分が開くのは独自の変化ではなく，突出する形状の「卜」の字紋から縄紋施紋部の反転を経て大きく無紋部を貫入させる「つ」の字紋の形成と親和的関係が生じ，ために「卜」の字／「つ」の字紋の開放型への変化とも連動するとしか考えられないのである。

　だが先に見た如く図 17・18 の描線 b は 13・15 に比して形状が違いすぎるので，17・18 が入組紋に貫入する無紋部の端が開く最初とは思えない。19・20 は 13 の如く一条巡る沈線の下縁に刻紋列を配し体部紋様の上端の区画となし，その点で 17・18 より古いと考えるが，区画となる刻紋列の刻紋自体は 13 より小振りになっている。20 は貫入する無紋部端が開くか定かでないが，貫入する無紋部端が開く 19 の描線 b 相当の部分は 20 の形状が参考となろう。つまり，17・18 に比して 19 の方がより入組紋的様相を保持する点が重

要である。この点においても 19 の方が 17・18 より古相を示すからである。したがって，13・15 より後 17・18 の B 3 式より前に西部関東での変化に対応し入組紋に貫入する無紋部端が開く土器が登場していると考えられる。つまり，開く描線の形状から 19 は 16・12 に対比され，17・18 の描線 b・c のあり方は 22 の平行線状に貫入する描線に近く，編年的位置づけとも矛盾しないであろう。さらにこのことで B 2・B 3 式の編年的枠組をより明確にする方策と基準となる土器が提示でき，18 や 17 を B 3 式とする意味が再確認されたであろう。19・20 は B 2 式に含めることになる。

　付言すると，B 1 式の「の」の字単位紋の変化に由来する蛇行沈線紋は B 3 式（図 24）や曽谷式（図 28）にも遺存するが，例えば図 14 の B 2 式のそれに比して相当異なっている。今見た B 2・3 式の枠組で他資料を判断すると，地紋の並行線紋の変遷・区切紋としての蛇行沈線紋の形状変化が，入組紋から組み合った弧線紋への変質と並行して生起するかに見える。いずれ詳述したい。

## 3 まとめ

　加曽利 B 2 式は実際には地域的に様相が異なる土器群が一つの型式にまとめられている。学史的混乱とは別に，このことが B 2 式の全体を把握することを困難にしている。

　今回は西部関東に特徴的な B 2 式土器群の整理を踏まえ，型式比定の錯綜している東部関東の磨消縄紋土器群の見直しを試みた。具体的には，「卜」の字／「つ」の字磨消縄紋が「三単位の突起を口縁部にもち胴部が括れる深鉢形土器」と「そろばん玉状の体部をもつ土器」を中心に担われ，紋様突出部／貫入部端開放型へと変化するのを型式学的に論究し，他方，加曽利 B 式にとって異系統の入組紋が東部関東を中心に展開・変容する様子を入組紋から組み合わせの弧線紋へという過程で捉え，前後関係の怪しかった土器の新古を型式学的に明確にし，入組紋の展開および弧線紋化の契機を「卜」の字／「つ」の字磨消縄紋との親和的関係に求め B 2 式の構造の一端を示し，あわせて B 2・3 式の編年学的問題についての基準を再提示した。しかしこれは B 2 式理解の端緒にすぎず，独特の位相を有する斜線紋土器の成立展開を含め考究すべき問題は山積みだが，型式学的分析の推進しか方策はあるまい。

# 組 成 論—勝坂式土器

## —深鉢形土器の多様性—

國學院大學大学院
■ 植 田　真
（うえだ・まこと）

> 勝坂式土器の組成論は，その前提的課題として，器形と文
> 様との関係が複雑で類型化しきれないところに問題がある

土器組成の研究は，土器を日常生活の道具として見ることから，さまざまな器種の組合わせに当時の生活様式の一端を窺おうとするものである。あるいは個々の土器の本来の機能・用途を限定することは容易ではないが，土器組成の違いに生活習慣の差異を知ろうとすることを目的とする[1]。これには用途を前提とした器種を分類し，遺跡・遺構を主な単位とする量的把握を通して，特定の共時的土器群における器種の組合わせの実態を窺うという分析方法が用いられる。しかし，器種分類の妥当性・セットとして把握される土器群の同時性・個体数集計の方法などが問題となる。

組成研究の成果がとくに後・晩期の土器群に目立つのは，器種の認定において，他の時期より器種分化を捉えやすいことも理由の一つとして上げられよう。勝坂式土器について後・晩期の研究成果や方法を直ちに援用することはできないが，組成論の一つの接近を試みてみたい。

## 1　勝坂式土器における組成研究の前提

縄文土器の中でも，勝坂式土器の器形と文様の種類の豊富さは際立っている。深鉢形土器だけを見ても，器形や文様の組合わせに多様な変化を生み出している。深鉢＝煮沸具という単一の機能論だけでは，無論この多様性は説明できない。そこで，勝坂式土器の組成を考える上で問題となる，深鉢形土器の多様性について考えてみたい。

後・晩期の組成研究に比較すると，勝坂式土器の研究において組成論の観点から各器種相互の量的比率が具体的に示されることはほとんどなかった。これは勝坂式土器の器形と文様の関係が複雑で，類型化に疎かったところに問題があると考える。用途を前提とする器種分類以前の問題として，勝坂式土器の多様性をいかに具体的に記述するかという点に最近の研究の動向が窺える。

土器組成を考える場合には機能・用途に係わる器形の分類はとくに重要である。文様の違いより

も器形の違いが使用役割の違いを表わしていると考えられるからである。しかし勝坂式土器には，器形分類だけで土器組成を考えられない状況がある。同じ器形に異なる文様が描かれる場合が少なからずあるからである。すなわち，器形は同じだが文様の異なる別々の土器について，組成の中でいかに扱うかということが問題となる。器形と文様の関係を勝坂式土器組成論の前提の問題として考えてみたい。

## 2　勝坂式土器の画期

最近発表された森本伊知郎氏と三上徹也氏の論稿[2]には，勝坂式土器の具体的な分類が試みられている。森本氏は隆帯の変化を指標に編年を行ない，器形と文様を分類した上で両者の組合わせの多様性を頻度で示し，器形と文様の規則性について示唆し数値で示した。また分析結果から関東・中部二地域の地域差について触れ，器形と文様の種類や組合わせのあり方に差異が存在するとし，氏の編年でいうⅢ期（ほぼ藤内Ⅰ式に当るとする）以降に地域差が顕在化するとしている。これを二地域間の交流の変化として考え，両地域の後続する土器型式の内容とも関連すると述べている。

三上氏は器形・文様帯・文様の三点から分類を行ない，中部と西関東の二地方に分けて，それぞれの系統と変遷を模式的に示した。両地方を比較した結果として，氏の段階区分でいうⅢ段階（中部地方の藤内Ⅱ式・西関東地方の勝坂Ⅱ式に相当）に地域差が顕著で，それ以後増幅するとした。また，中期後葉土器への変遷について述べ，勝坂式土器から加曽利E式土器の変遷は非連続的で，文化内容そのものの変質であろうと考えた。加曽利E式土器の成立には大木式土器が介在し，大木8a式の古い頃に成立する加曽利E式土器は，その地方型式ともいえるものであるとしている。

両氏の分析方法には違いもあるが，次の諸点に共通する結論を導いている。

34

①器形・文様とも多様性の際立つ勝坂式土器にも，はっきりと認められる共通性がある。

②関東・中部の二地域で比較すると，ある段階（藤内期）に両地域の土器のあり方が明確に変化し，地域差を生じる。

③地域差は後続する様式差に深く係わる。

筆者の行なった分析は三上氏の方法に共通するところがあり，器形と文様区（文様の割り付け方）と文様モチーフの共通性から土器を分類し，類型を求めた。文様モチーフは主モチーフと従モチーフに分けて，とくに従モチーフから施文技法を分析して時間的変化を捉え，共伴関係で検証を加えた。

文様モチーフの主従の区別は重要である。勝坂式土器の文様モチーフでは，隆帯文が重要な意味をもつと考えられ，分類にも重視される。この隆帯文を観察すると，隆帯の貼付→隆帯文としての処理・加飾→隆帯文の作出した余白部分への文様充塡という順序を，文様の切り合いから読み取ることができる。最初に施文される隆帯文と後続する充塡文には意識上の差を認めることができよう。

隆帯の貼付はいまだ粘土を操作する段階で，把手の造作も含め成形段階の延長にある点を指摘したい。把手をもつ土器の場合，器としての土器の機能は把手を付けずとも足りるであろう。把手が器面装飾として文様施文の段階で説明される理由がここにある。しかし，把手の造作・隆帯の貼付という作業は器面の乾燥状態と切り離して考えることはできず，器形を作出する成形段階とは間断を許さない作業といえよう。確かに文様施文の工程ではあり，器形そのものの作出とは区別されなければならない。換言すれば，成形の延長にある文様施文の段階として位置づけられよう。

隆帯文の後に施文される沈線などの充塡文は，この成形の延長にある施文段階と必ずしも連続した工程である必要はない。むしろ器面の乾燥程度によって，施文される文様の効果に変化を与えることができることを考えれば，二者の段階には積極的な間断が予想される。このことは，隆帯文と充塡文の施文に意識上の差を生じやすいとはいえまいか。この意味において，隆帯による施文が充塡文のあり方を制限しており，文様の中の隆帯文の重要性を示唆していると考えられる訳である。

以上のことから，器としての形が出来上った後に描かれる最初の主要な文様を主モチーフと呼び，主モチーフを描いた後の余白を充塡する文様を従モチーフと呼んで区別した。

器形と文様の分析から，中部地方でいう新道式〜井戸尻Ⅲ式の間を六段階に区分（表1）し，さきに求めた類型を段階的に追ってその変遷を分析した。その結果，Ⅳ段階に一つの画期があり，新しい類型の出現が際立つものとなった。やはり中部・関東の両地域で系統の組合わせに大差があり，地域差が顕在化する。あるいはこの類型の組合わせに，土器組成の一面を窺うこともできよう。

また，土器文様の中核となる隆帯に沿って施される手法に，角押文手法（いわゆるキャタピラ文を施文するもの）・パネル文手法（半隆帯で枠状のはめ込み文を描出するもの）・沈線文手法（単沈線を沿わせるもの）・浮彫文手法（沈線文手法に伴って隆帯上にも沈線などで文様が加えられ，浮き彫り状の効果をもつもの）と仮に呼ぶものがある。これらの手法の変遷を窺うと，Ⅰ・Ⅱ段階は角押文手法が主流で，これに伴ってⅢ段階にパネル文手法が盛行する（パネル文手法は北陸の中期初頭——いわゆる新崎〜天神山式——の土器群に，共通する技法が求められるようである）。Ⅳ段階には両手法が乱れ，とくにパネル文手法の半隆帯が単沈線2本に変わり，崩れた印象を受ける。一方では沈線文手法が抬頭してくる。次のⅤ段階で沈線文手法が全盛となる過渡的段階でもある。Ⅴ段階の沈線文手法はしだいに強調されⅥ段階に浮彫文手法を加えて存続する。

Ⅲ段階以前には，角押文・パネル文両手法の伝統は共存しながら相容れないところがある。ところがⅣ段階以降になると両手法の伝統は乱れ，おおむね沈線文手法へ統一される向きを示すのである。このことからもⅣ段階における画期の一面を窺うことができる。

以上に述べたように，勝坂式土器のある段階には関東・中部両地域の土器のあり方に変化が生じ，地域差を顕在化させたことは認められるよう

表1　編年と段階の対比

| 森　本 | 中部編年 | 三　上 | 関東編年 | 植　田 |
|---|---|---|---|---|
| Ⅰ（期） | 狢　　沢 | | | |
| Ⅱ | 新　　道 | Ⅰ（段階） | 勝坂Ⅰ | Ⅰ（段階） |
| Ⅲ | 藤　内　Ⅰ | Ⅱ | 勝坂Ⅱ | Ⅱ |
| Ⅳ | 藤　内　Ⅱ | Ⅲ | | Ⅳ |
| Ⅴ | 井戸尻Ⅰ・Ⅱ | Ⅳ | 勝坂Ⅲ | Ⅴ |
| Ⅵ | 井戸尻Ⅲ | Ⅴ | | Ⅵ |

である。そうすると器形・文様の上で，使用され続けた一つのかたちが別のかたちへ変化するということは，かたちのもつ実用性の意味をいかに説明するのであろうか。

## 3 器形と文様の関係

図1に示すように，勝坂式土器の器形と文様の関係は一様ではない。しかし，多様な組合わせの中にも，系統として捉えられるような一群が確かにある。器形と文様の組合わせに類型が求められることは，両者の結びつきの深さを示している。しかし，土器を分類する際には，単純に器形と文様で割り切って考えることはできない。両者が総合されたものが個々の土器だからである。それでは，最初の問いであった同じ器形に異なる文様が描かれる事実はどのように考えたらよいのだろう。また，図2に示すように同じ器形と文様をもちながら，法量に斉一性の認められない場合をどのように考えたらよいのだろうか。

器形と文様の組合わせとして捉えた類型が，生活用具としての組成の中で何らかの特定の機能・用途を担っていたとすれば，器形と文様に対する要求と選択は絶対的であったと考えられる。それにも拘らず両者の関係にばらつきが見られる点はいかに考えるべきか。器形と文様の選択について表2のように分けて考えてみると，両者の関係が以下の違いとして現われると考えられる。

①は両者の関係が密接で，類型としてのまとまりが強く現われる。②は共通の器形に文様のばらつきが目立つ。③は共通の文様に器形のばらつき

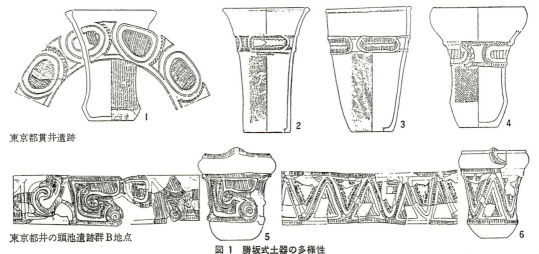

図1 勝坂式土器の多様性
1〜4：異なる器形に共通のモチーフをもつもの　5・6：共通の器形に異なるモチーフをもつもの

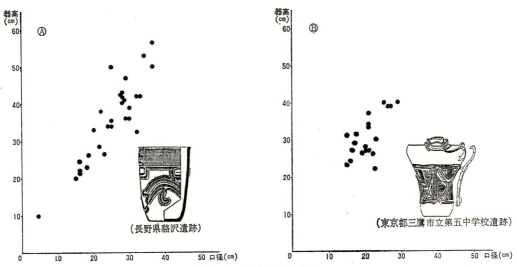

図2 類型に見る法量の違い

**表2 器形と文様の選択**

| | 器形に対する要求と選択 | 文様に対する要求と選択 |
|---|---|---|
| ① | あ る | あ る |
| ② | あ る | な い |
| ③ | な い | あ る |
| ④ | な い | な い |

が目立つ。④は両者の関係に意図がなく，したがって類型を求められない。

また，①～④のそれぞれについて法量の斉一性があるものとないものの場合を考えることができる。ここでは図2に示した二つの場合について考えてみるが，これは①のケースの二者として考えられる。機能・用途を同じくするものは法量に斉一性をもつ，ということを前提の一つとすれば，Ⓐは同じ器形と文様をもつことに，機能・用途に対する斉一的要求を考えることができなくなる。ただし，Ⓐのようなバラツキでも何点かに集中する傾向を示すものは，大きさによる使い分けが考えられる。また，この図からは明らかでないが，地域や時期による法量の違いとして捉え得る可能性もある。Ⓑの場合は器形と文様の共通性が，機能・用途への要求をある程度満たしていると考えられる。すなわち，器形と文様に与えられている意味はきわめて大きいといえよう。

このように分類される類型の内容は一様でなく，さまざまな事情を含むものと考えられる。分類から得られる類型を組成として考える場合，特定の類型の組合わせが時期や地域性の差として捉えられる可能性は，先述の二氏の論稿からも読み取れるところである。組成が変化する事実は土器に託された役割の変化と考えられるが，改めて個個の土器に与えられた器形と文様の実用性はどのように考えられるのだろうか。

土器製作の工程を想定すれば，器形の作出→文様の割り付け→文様モチーフの描出というような段階的順序を考えることができる。器形が出来上らなくては後の工程が実際には進まないばかりか，作業が器形そのものに制約を受けることも多い。器形は他の工程に優先的であると考えることができ，一般に文様が器を装飾する附加的要素と考えられる理由がここにある。しかし，勝坂式土器における装飾文様は土器の実用性からいえば，その効果を減じているとさえいえる。文様が器形の制約を受けるというより，過度に発達した把手などは，逆に文様が器形を規制した姿として捉え

ることはできないであろうか。

器形と文様が機能・用途に係わる関係は，次の二つに分けて考えることができる。

①土器の機能・用途が器形の選択によって決定する。文様は装飾として附加される。

②土器の機能・用途が器形の選択だけでは決らず，文様が施文されて初めて決定する。

①は一般的な土器のあり方であると考えられる。②は土器の機能・用途が文様と深く係わるもので，土器の使用目的に対して文様も同時に選択されて製作されるものである。つまり，文様の決定が器形を規制するもので，文様に適った器形が作出されるという訳である。

土器の実用性からいえば器形の選択は重要であり，文様は装飾的な意味しかもたない。しかし，文様が器形に優先して選択される場合をも考慮すれば，器形＝実用性という図式だけでは説明できないものの存在も考えられる。さらに極端に考えれば，後期以降に異形・奇形土器が現われるが，これなどは実用からかけ離れて精神性ばかりが強調されているといえる。文様に何らかの精神性を託すという考えからすれば，器全体を文様と看做すことのできるもので，器の形をした文様ともいえようか[3]。このように器形と文様の関係の内に，器としての日常・非日常性の分化を考えることもできる。

以上，勝坂式土器の組成論は，その前提的課題として，器形と文様との関係が複雑で類型化しきれないところに問題がある。器種分類のうえに器形が重視されるにしても，器形と文様の関係が明らかにされないかぎり合理的な器種分類は望めない。器形と文様の研究は単に記述のための便宜としてなされるべきではなく，組成論の観点から積極的に見直されるべきである。

註
1) 藤村東男「縄文土器組成論」縄文文化の研究，5，1983
2) 森本伊知郎「勝坂式土器の文様構成について―関東と中部における比較―」信濃，37-4，1985
   三上徹也「中部・西関東地方における縄文時代中期中葉土器の変遷と後葉土器への移行」長野県考古学会誌，51，1986
3) 中島庄一・植田　真「勝坂式土器について」東京都多摩市和田・百草遺跡群・落川南遺跡，多摩市遺跡調査会，1985

# 組成論—安行式土器—

—晩期安行 3a 式の問題点—

奈良国立文化財研究所
■ **金子裕之**
（かねこ・ひろゆき）

時期と地域によって複雑な動態を示す安行式土器は山内清男に
よって編年がたてられたが，晩期初頭型式には特に問題がある

## 1 安行式—その編年のなりたち

現在，関東地方の土器編年で，後期から晩期中葉の位置をしめる安行式は，埼玉県川口市の安 行（領家猿貝）貝塚の名に由来する。名づけ親は，言うまでもなく山内清男博士で，時は 1924 年（大正 13）と伝える。博士はのちに，安行式を 1・2・3a・3b・3c の五型式に編年[1]，3a 式以降を晩期に位置づけた。その経緯は，早川智明氏の分析に詳しいが[2]，かいつまんで話せば，博士は史前学研究所の甲野勇氏が埼玉県真福寺貝塚の資料をもとに「真福寺貝層式」と「同泥炭層式」に二分したものを，各々安行 2 式・3 式（のちの 3c 式）と呼び，これらに先行する要素をもつ千葉県岩井貝塚の資料によって，安行 1 式を設定した[3]。さらに，型式差の大きい安行 2 式と 3 式の間に，安行 2—3 式を考え[4]，のち 3a・3b 式に細分したようである。以上からも明らかなように，安行諸式のうち，1・2・3c 式は，遺跡（地点）あるいは層位によって区分したものであったが，3a・3b 式はこれらと違い，型式学的方法によったものであるために，机上の創作型式[5]との疑いをのちに生んだのである。

敗戦後の安行式研究は，山内五型式編年の再吟味を軸に，型式内容の再編成と新型式の追加という形で進行した。編年再吟味の中でとくに問題となったのは，安行 3a・3b 式の設定問題であった。つまり，博士はこの両型式を『日本先史上器図譜』の図版と解説で初めて明らかにしたのであるが，東北地方に出自をもつ三叉文様を重視した（結果的にはそうなった）こと，解説が簡潔すぎたこともあって，型式内容が不詳であったこと，他方，その後の調査では，安行 2 式と 3a 式が層位的に区分できないとの報告などから，3a・3b 式の存在が疑問視されたのである。

この動向に大きな衝撃となったのは，鈴木公雄氏の姥山 II・III 式の提唱であった[6]。後年この型式と類似の組成内容を，早川智明氏が鈴木氏に先んじて，犢橋式と命名していたことが明らかになるのだが，安行 2 式と，組成・文様ともに近い関係にある姥山 II 式は，三叉文様主体の 3a 式を，安行 2 式の一部とする見解に有力な武器となったのである。その後広畑貝塚の層位的事実[7]などによって，山内博士の 3a 式は，実は 3a 式のごく一部にすぎないこと，姥山 II 式は，この 3a 式に後続することなどが明らかになった。

こうした，3a・3b 式をめぐる論議は，一方で安行式における地域差の解明という副産物をもたらせた。つまり，後期から晩期にいたる安行式が関東地方という地域空間の中で，終始単一の様相を保ったのではなく，時期と地域によって複雑な動態を示し，東部関東と奥東京湾周辺・西部関東との間では，後期末に粗製土器にみられた地域差が，晩期中葉には前浦式と 3c・3d 式という型式対立にまで発展することが明らかにされたのである。

こうした動向を踏まえながらも，近年，山内編年を批判した当事者が，自らの改訂編年ではなく，従来の編年に 3a 式を加えた，山内博士の六型式編年を使う[8]のは，海外への紹介にあたって，耳なれた型式名の変更による混乱を防ぐ配慮であろう。それ故，型式によっては，山内博士が当初示した型式内容とは著しく乖離した型式のあることを留意すべきであろう。そうした事態を惹起した最大の原因は，博士の晩期安行式の編年方法にあったと思う。ここでは安行式編年のあるべき姿を考える上から，博士の晩期安行式のうち，3a 式をとりあげて，その問題点を検討しよう。3a 式をとりあげるのは，博士の晩年編年の問題点とともに，その背景となる基本的視点がここに集約されていると考えるからである。

## 2　セット論への道標
### 一山内編年の問題点と反省

　山内博士の晩期安行式編年の問題点は，大きく二つに集約できる。つまり，

　　a）基準とした資料が地域的に偏っていたこと
　　b）東北地方（亀ヶ岡式）中心の編年観で，安行式の組成構造を無視したこと

である。まず，a）から検討してゆこう。先に述べたように，安行式は時期と地域によって複雑な動態を示すため，現在は各地域の独自性を明確にした上で，南関東地方の晩期縄文式土器全体を通じての段階づけという作業がなされつつある。これらの地域は地形的に，

　　1）霞ヶ浦周辺から九十九里沿岸地帯までのいわゆる常総台地を中心とする東部関東地方
　　2）大宮台地を中心とし，周辺地域を含む奥東京湾周辺地域
　　3）武蔵野台地や多摩丘陵を中心とする南関東地方西部地域

の三つの地域に分けて考えられている。

　これらの地域のうち，1）の東部関東地方は晩期にあっても，姥山Ⅱ式，前浦式のごとく，後期安行式の伝統を濃く受け継ぐ型式が継起し，その様相は比較的捉えやすい。他方，遺跡が多く，東京近郊という地理的条件から多くの研究者のフィールドとなった2）の奥東京湾周辺地帯，3）の西部関東地方は，東北地方とともに，北関東・中部・東海地方の影響が著しく，複雑な様相を呈している。安行式の由来となった安行貝塚，博士が3a，3b式の基本的な発想を得た真福寺貝塚は，不幸にして2）の地域に含まれる。もちろん，茨城県広畑貝塚や千葉県余山貝塚など，東部関東の資料も参照されてはいるが，博士が利用した史前学研究所調査の広畑貝塚の資料は，加曽利B式を中心としたものであったし，余山貝塚の資料は，最近の報告書[9]によっても，大半が正式調査によらないもので，断片的であった。東部関東の資料が，まとまった形で学界に登場してくるのは，姥山貝塚など1960年代の慶応義塾大学による調査・報告によってであった。

　偏りは，時代の制約によるところが大であるが，次に見るように，亀ヶ岡式中心の史観ではなく，安行式の器種の組成とその変化を純粋に追求し，その後に亀ヶ岡式と対比するという姿勢を持していたら，編年研究の様相も今日とはかなり違っていたであろう。

　ここでb）の東北地方（亀ヶ岡式）中心の編年観で，安行式の組成構造を無視する結果となった点を検討しよう。

　『先史土器図譜』の3a式の解説は，粗製土器，精製土器の順に，各々の器形や文様変化について述べている。粗製土器は，奥東京湾周辺・西部関東のそれで，東部関東の土器がないことを除けば，現在でも妥当な分類であった。問題となったのは精製土器である。それについては，深鉢・浅鉢・注口などがあること，安行1・2式の口頸部外側に何重かの縄文帯を有する重厚な口縁装飾は「僅かに残存するようになり」，むしろ，東北地方に出自をもつ入組文，三叉文と関連ある軽快な磨消縄文を有する土器類の出現が著明で，東北的な口縁突起もみられるとしている。

　口頸部外側の何重かの縄文帯とは，甲野勇氏のいわゆる帯状縄文を指し，安行1・2式では深鉢から浅鉢まで広く装飾文様として使われていた。精製土器でも深鉢の割合は圧倒的であるから，その装飾が「僅かに残存する」ことは，すなわち，伝統的な深鉢群の消滅を意味した。この見方は，安行系深鉢とかなり異質な深鉢を図版に用いたこととあわせ，一層印象深いものとなった。このように書くとあるいは反論がでるかも知れない。博士は安行3c式の説明では，弁形の突起（波状口縁のこと）も3a・3bを通じて「僅かに」みられ，後期からの「伝統が未だ全滅しないことを示すが如くである」と述べているからである[10]。この「僅か」をどう解するか問題であるが，『先史土器図譜』から15年後，この図譜に下沼部貝塚の3a式を提供するなど，博士と関係の深かった吉田格氏は『日本考古学講座』の中で，この図譜と同じ土器を図示し，3a式になると「扇状把手は退化して突起となり」と書いている[11]。同様の説明は，芹沢長介氏も行なっており[12]，山内博士の図譜の解説を敷衍するものとして誤りあるまい。

　筆者らが確認した安行3a式は，後期以来の紐線文系の粗製土器と帯状文系および磨消縄文系の精製土器によって成る。精製土器は，波状口縁深鉢，数種の平縁深鉢，小型の鉢，台付土器，浅鉢などがある。台付，浅鉢などは前型式にくらべ倍近くに増加したが，それでも全体の1割を超えるほどしかなく，深鉢が8割以上を占める。代表

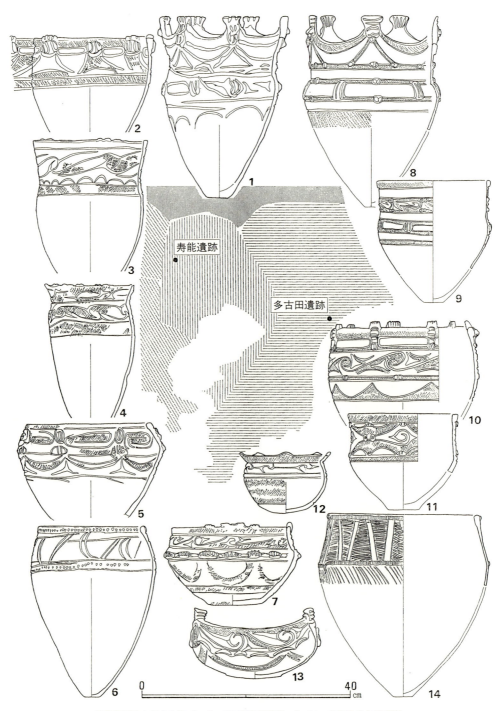

晩期初頭の安行式土器（1～7：埼玉県寿能遺跡　8～14：千葉県多古田遺跡）

的な波状口縁深鉢をとりあげると、それまで3～4であった波状部の単位数が3～8となり、安行2式に特徴的な細い隆帯を刻む手法が、磨消手法となって若干の構成が変化する。この器種を含め、いくつかの深鉢の胴部には、安行2式の特殊台付土器の脚部などに付した連続枠状文を採用している。こうした変化が顕著な土器とともに、次の姥山II式で連続枠状文土器と呼ばれる器種のように、変化の少ない器種もある。台付土器・浅鉢には、安行系の文様とともに、入組文、三叉文を加えた磨消文様が多い。これらの三叉文は、個体ごとにヴァラエティがあり、目立つ存在である。

40

帯縄文系深鉢にも，三叉文を付すことがあるが，その施文位置には，ある原則があるようで出鱈目に施文しているわけではない。いずれにしても，その数は少ない。かつてこの型式の特徴とされたRLからLRへの撚りの変化は，地域によって差はあるが，5〜6割程度の転換率である。

こうした3a式の所見からすれば，山内博士が器種組成上大きな比率の安行系深鉢群を欠落させ，逆に1割程度の台付土器・浅鉢にみる三叉文を型式のメルクマールとした誤りは明らかであろう。こうした反省のうえに，現在は，土器型式の内容をいくつかの器種の組成としてとらえ，それらの組成と文様とを関連させて理解しようとしている[13]のである。

土器を見る目では，他の追随をゆるさず，あれほどに器種と文様の関係にこだわった博士が，なぜこうした基本的ともいえる誤りをおかしたのであろうか。通常行なわれている解釈は，博士の視点が「亀ケ岡式土器の各段階に対応する関東の土器は何か」にあったとするものであろう。確かにその通りではあるが，そのことと，安行式の帯縄文系深鉢群を欠落させたことの結びつきを明らかにしなければ，真の答えにはなるまい。

以下，憶測になるが，この点について検討してみよう。博士の誤り（結果的にはそうなったが）の原因が，実は，博士の亀ケ岡式土器に対する造詣の深さにあったと，私は思う。博士は，日本における石器時代の終末を論証するために，継続期間が長く，全国に広く分布する亀ケ岡式土器をとりあげられたことは周知のことである[14]。亀ケ岡式は，器種や文様の豊富さ華麗さの背後に，周辺地域の土器とはきわだった特徴をもっている。それは，後期以来の伝統をもつ波状口縁深鉢（実は他の深鉢群も）を廃用すること，土器面に文様を描くデザインシステムが特殊なことの二つである[15]。亀ケ岡式土器を詳細に研究した山内博士がこうした点をどこまで認識していたか，今となっては藪の中だが，安行3a式は亀ケ岡式の最初の段階に平行する関東の土器であり，実際に，3a式の中に東北的な文様や突起が展開することは先に見た通りである。こうした事実を踏まえ，関東も東北と同様に，後期的深鉢群を廃用するなど亀ケ岡式的器制に転換すると，予想されたのではなかろうか。それが，安行系深鉢の波状縁にこだわった理由であるし，安行の帯縄文深鉢全体を欠落させ，

結果的に，東北的な器種と文様を摘出する方向に強く働いたと思うのである。しかし，博士の予想と違い，特殊だったのはむしろ東北地方であり，関東を含め，周辺地域では，後期の深鉢の伝統が，晩期前半から中頃まで持続するのである。関東に関して，博士はいつ頃，自らの誤りに気づかれたのであろうか。案外，1950年代も末，後年姥山Ⅱ式の一組成となる波状口縁深鉢が各地から出土しはじめ，莫然と3a式にされた頃だったのではなかろうか。その意味では，博士は時代の先を行きすぎたのかも知れない。

このようにみてくると，博士は，関東の晩期縄文式土器の成立を，亀ケ岡式文様の単なる流入ではなく，土器における晩期的様相の成立という大局的な見地からとらえようとされたのであろう。晩期の概念が亀ケ岡式土器に基づく事実を想起すれば当然の見地だが，安行式ではこれが逆に負の方向に働いた。その意味で，博士の晩期安行式の編年は，東北地方（亀ケ岡中心）の編年観であったといいうるのである[16]。

註

1) 山内清男『日本先史土器図譜』1939〜1941，1967複刻
2) 早川智明「所謂安行式土器について」台地研究，16，1965
3) 大町四郎・片倉 修「下総岩井貝塚」先史考古学，1-1，1937
4) 山内清男「真福寺貝塚の再吟味」『山内清男・先史考古学論集』第3冊11集所収，1967
5) 註2）に同じ
6) 鈴木公雄「千葉県山武郡横芝町姥山貝塚の晩期縄文式土器について」史学，36-1，1963
7) 金子裕之「茨城県広畑貝塚出土の後晩期縄文式土器」考古学雑誌，65-1，1979
8) 林 謙作・鈴木公雄編『縄文土器大成』4，講談社，1981
9) 国学院大学資料館『余山貝塚資料図譜』1986
10)『山内清男・先史考古学論文集』11，1969，p.280
11) 吉田 格「関東」日本考古学講座，3，1956
12) 芹沢長介『古代土器標本解説書 二集』1950
13) 註8）に同じ
14) 山内清男「所謂亀ケ岡土器の分布と石器時代の終末」『山内清男・先史考古学論文集』第3冊所収
15) 鈴木公雄「Design system in later jomon pottery」人類学雑誌，78-1，1970
16) 安行3a式に関わる山内博士の晩年の認識については，安孫子昭二氏に御教示いただいた。また，後・晩期の東北地方の土器に関しては，須藤隆氏に御教示いただいた。ともに感謝したい。

# 組 成 論―大洞式土器――――――――――

## ―土器用途との関連―

慶応義塾女子高等学校教諭
■ **藤 村 東 男**
（ふじむら・はるお）

大洞諸型式の器形組成の研究は単に組成比率を追い求めるの
ではなく，目的をもった組成内容の検討が必要になってきた

縄文土器は草創期・早期以来深鉢を中心にして
作り続けられ，時期を追うごとに鉢，浅鉢，注
口，壺などの新しい器形が加わり，やがて晩期に
おいてもっとも多種多様な器形の組合わせを持つ
に至った。これら各器形の出現の様相は，縄文土
器の発展の過程を示すものであり，縄文土器を理
解するうえからも欠かすことのできないことであ
る。

各器形の組合わせの状態（器形組成）は，時期，
地域ごとにわずかながらも異なっており，その差
がまたそれぞれの土器を特徴づけるものであると
言える。本稿では筆者に与えられた課題である東
北地方の晩期（大洞諸型式）を中心に述べることと
する。

## 1 器形組成研究

器形組成の研究には，二つの視点からの考察が
行なわれている。まず第1の視点は，編年研究の
一部として行なわれるものである。土器型式を設
定するにあたっては，通常一型式を構成するさま
ざまな器形を明らかにし，各器形に施される文様
が把握される。そのうえで，それぞれの器形と文
様とが前後の型式と分離独立できる諸特徴を確認
する。また同時に，それぞれの文様の比較によっ
て，それらが同一型式として把えることのできる
ものであることを検証する。つまりこれら二つの
作業を通じて，一型式として認めることができる
土器群が，前後の型式と区別される相違点と，同
一型式としてまとめることのできる共通点を見い
出すわけであり，器形組成の検討が同時に型式内
容の吟味にもつながるわけである。

つぎの第2の視点は，土器は生活用具のひとつ
として作られたものである以上，それぞれの用途
に応じて土器は作られ，使われた。そこで各器形
と用途との関係を明らかにすることによって，生
活の一部を復原したり，あるいは各器形の組合わ
せの差などから生活の違いを導き出すことが可能

となる。たとえば晩期を通じてほぼ一定であった
組成が，晩期終末から弥生にかけて様相を一変さ
せることを通して，弥生文化受容の過程を明らか
にした須藤隆の研究などはその代表例である[1]。

以上二つの視点を述べたが，この二つは本来土
器の研究が目指すべき視点であり，それぞれが表
裏の関係にある。ところが大洞諸型式の場合，第
1の視点である編年研究の一部としての器形組成
については，つぎにあげる理由からあまりとりあ
げられることはなかった。第1に山内清男以来大
洞諸型式の設定は，時間的な変遷をより鋭敏に反
映しやすい文様を取り出すことに主眼が置かれ，
文様と対をなす器形に対する関心は薄かった。山
内の用いた模式図でもわかるように，大洞諸型式
は鉢（一部浅鉢）の頸部および胴部文様の変遷を
基準にして細分がなされ，鉢以外の器形はほとん
ど触れることがなく，各種器形の組成内容につい
ても取り上げることが行なわれなかった。

第2に関東地方晩期の編年は，波状縁と平縁の
精製深鉢，および平縁の粗製深鉢の変遷に基づい
て型式設定がなされた。これは関東地方の場合，
精粗二種類の深鉢が一貫して型式の中心を占め，
文様変遷のうえでも系統関係が明らかであること
から，深鉢を中心とした編年ができあがった。と
ころが大洞諸型式の場合，林謙作の指摘にもある
通り，文様変遷の中心となる器形が，深鉢→皿と
浅鉢→壺と高杯と変化し，関東地方の深鉢のよう
な一貫して中心となる器形は見当らず，器形より
も文様を重視する傾向が生じていった[2]。

第3には，大洞諸型式の場合，各器形の変遷の
過程や速度に違いのあることがあげられる。鈴木
克彦によれば，精製と粗製の土器とでは細分の基
準に差があり，精製の土器ほどより細かく区分で
きるとのことである[3]。また筆者の取り扱った晩
期後半の大洞 $C_2$ 式とA式では，口縁の突起，胴
部の文様，底部の形状によって，浅鉢は2段階に
区分できるが，鉢と壺は3段階となり，器形によ

って文様の変遷過程に差のあることが明らかになった[4]。両者を合せ考えると、大洞諸型式ではすべての土器の変遷が一致しておらず、器形による差違が認められ、全器形を網羅した型式設定は困難であると思われる。

以上の理由から大洞諸型式では、すべての器形を含め、各器形と文様との対応を明確にした型式設定ではなく、山内によって示された鉢の変遷に基づく細分を縦軸とし、共伴する諸器形を横軸とした編年が行なわれている。したがって、器形組成に対する関心も第2の視点である土器用途の推定と結びついた形で行なわれてきている。

## 2 大洞諸型式の組成内容

今日大洞諸型式は、B式に始まり、BC式、$C_1$式、$C_2$式、A式、A′式に至る六型式に細分されている。これら六型式の組成内容をみてみると、表1に示したように一貫して深鉢と鉢とが主体を占めており、その割合は60〜90%となる[5-7]。この点では大洞諸型式も他の縄文土器と同じく、草創期以来の伝統を保持していると言える。また深鉢、鉢以外をみると、各器形とも大きな型式差を持たないが、初頭では注口、中葉では浅鉢、末葉では台付浅鉢と壺が、わずかながら多くなっている。型式による組成比率の違いは、前述した文様変遷のうえで中心となる器形の時間的な変化と対応しており、土器生産のしくみを考えるうえからも興味深いことである。また東北地方以外から出土する大洞系土器の器形をみると、鉢と注口→浅鉢→台付浅鉢と変化しており、さきの組成比率の増減と対応する部分があり、今後検討を加える必要がある。

ところで大洞諸型式に精製、粗製の別のあることは古くから知られており、これによって組成内容がより一層複雑となっている。精粗の別を筆者の基準に従って記すと、（Ⅰ）口縁部から胴部にかけて全面に縄文、条痕、撚糸が施されたもの、（Ⅱ）口縁部と頸部に平行沈線が引かれ、胴部以下は縄文となるもの、（Ⅲ）胴部上半までに文様が描かれ、下半は縄文あるいは無文となるもの、（Ⅳ）全面が無文となり、研磨されたり顔料の塗布が行なわれたものの4種に分けられ、ⅠとⅡが粗製土器、ⅢとⅣは精製土器にあたる。

各種ごとの出土個体数を、岩手県北上市九年橋(くねんばし)遺跡出土資料（大洞$C_2$式、A式）を用いて集計したのが表2である。表2によれば、ⅠとⅡの粗製

表1 各遺跡の組成比率（上段は完形資料のみによる集計）

| 遺跡 | 時期(大洞) | 深鉢・鉢 | | | | | 浅鉢 | | | 壺 | 注口 | その他 | 個体数 |
|---|---|---|---|---|---|---|---|---|---|---|---|---|---|
| | | 深鉢 | 台付深鉢 | 鉢 | 台付鉢 | 計 | 浅鉢 | 台付浅鉢 | 計 | | | | |
| 是川① | B〜A′ | 7.2 | | 13.1 | 9.4 | 29.8 | 9.2 | 4.3 | 13.5 | 34.2 | 19.1 | 3.4 | 997 |
| 　　② | B〜A′ | 2.7 | 5.0 | 10.5 | 8.4 | 26.5 | 19.0 | 1.5 | 20.4 | 34.0 | 17.4 | 1.7 | 1,693 |
| 亀ヶ岡 | $C_1$〜$C_2$ | 2.1 | | 37.5 | 6.3 | 45.8 | 18.8 | | 18.8 | 35.4 | | | 48 |
| 土井I号 | BC〜A | 8.5 | 9.3 | 3.3 | | 21.6 | 12.3 | 0.3 | 12.6 | 54.4 | 7.7 | 4.4 | 366 |
| 石　郷 | B | 3.0 | | 12.1 | 11.1 | 26.3 | 7.0 | 4.0 | 11.1 | 37.4 | 22.2 | 3.0 | 99 |
| 九年橋 | $C_2$〜A | 4.7 | | 37.0 | 8.0 | 49.8 | 11.8 | 3.0 | 14.8 | 32.3 | 3.0 | | 297 |
| ドウマンチャ | B | 70.8 | | 19.8 | | 90.6 | 1.8 | | 1.8 | 7.1 | 0.5 | | 561 |
| | A | 81.0 | | 14.3 | | 95.2 | 3.2 | | 3.2 | 1.6 | | | 63 |
| 宇…鉄 | $C_1$〜$C_2$ | 68.7 | | | 17.4 | 86.1 | 5.5 | 0.1 | 5.7 | 7.7 | 0.4 | 0.1 | 793 |
| 亀ヶ岡 | $C_1$〜$C_2$ | 32.3 | | 41.0 | 1.7 | 75.0 | 10.8 | | 10.8 | 13.9 | 0.3 | | 288 |
| 山　王 | $C_2$ | 71.3 | | | | 71.3 | 13.0 | | 13.0 | 14.8 | 0.9 | | 216 |
| | A′ | 48.0 | | | 27.0 | 74.9 | | 12.0 | 12.0 | 13.0 | | | 382 |
| 館 | BC | 62.8 | | 9.3 | | 72.0 | 5.3 | 7.6 | 13.0 | 6.2 | 8.0 | 0.8 | 486 |
| | $C_1$ | 52.3 | | 10.0 | | 62.3 | 7.7 | 9.2 | 16.9 | 16.9 | 3.8 | | 130 |
| | $C_2$ | 52.3 | | 11.9 | | 64.2 | 17.3 | 4.1 | 21.4 | 11.9 | 2.1 | 0.4 | 243 |
| | A′ | 53.4 | | 10.1 | | 63.5 | 2.8 | 12.4 | 15.2 | 20.8 | | 0.6 | 178 |
| 沢　上 | B | 82.9 | | | | 82.9 | 9.2 | | 9.2 | 3.9 | 3.9 | | 76 |
| 二月田 | B | 92.9 | | | | 92.9 | 1.7 | | 1.7 | 3.4 | 2.8 | 0.9 | 466 |
| 寺　脇 | $C_2$ | 62.1 | | 24.7 | 0.5 | 87.4 | 7.4 | | 7.4 | 4.9 | 0.3 | | 364 |

表 2　九年橋遺跡の組成（個体数）

| 器形 | I | II | III | IV | 計 |
|---|---|---|---|---|---|
| 深　鉢 | 7 | 289 | | 3 | 299 |
| 台付深鉢 | | 5 | | | 5 |
| 鉢 | 25 | 249 | 72 | 17 | 363 |
| 台　付　鉢 | | 18 | 50 | | 68 |
| 浅　鉢 | 2 | 17 | 113 | 25 | 157 |
| 台付浅鉢 | | 12 | 13 | 29 | 54 |
| 壺 | 24 | 47 | 219 | 51 | 341 |
| 注　口 | | | 27 | | 27 |
| 香　炉 | | | 5 | | 5 |
| 蓋 | | | 2 | | 2 |
| 匙 | | | 3 | | 3 |
| 合　計 | 58 | 637 | 504 | 125 | 1,324 |

表 3　九年橋遺跡の組成（個体数）

| 器形 | | 容量（リットル） | | | | 合計 |
|---|---|---|---|---|---|---|
| | | ～1 | ～5 | ～10 | 10以上 | |
| 深　鉢 | I | | 3 | 1 | 3 | 7 |
| | II | 25 | 57 | 33 | 174 | 289 |
| | IV | 1 | 2 | | | 3 |
| 台付深鉢 | II | | 2 | 1 | 2 | 5 |
| 鉢 | I | 19 | 6 | | | 25 |
| | II | 104 | 134 | 10 | 1 | 249 |
| | III | 31 | 34 | 6 | 1 | 72 |
| | IV | 15 | 2 | | | 17 |
| 台付鉢 | II | 16 | 2 | | | 18 |
| | III | 32 | 17 | | 1 | 50 |
| 浅　鉢 | I | 2 | | | | 2 |
| | II | 7 | 1 | 1 | 8 | 17 |
| | III | 64 | 39 | 2 | 8 | 113 |
| | IV | 18 | 6 | 1 | | 25 |
| 台付浅鉢 | II | 8 | | 1 | 3 | 12 |
| | III | 10 | 3 | | | 13 |
| | IV | 24 | 5 | | | 29 |
| 壺 | I | 7 | 10 | 6 | 1 | 24 |
| | II | 12 | 24 | 9 | 2 | 47 |
| | III | 124 | 83 | 8 | 4 | 219 |
| | IV | 35 | 6 | 5 | 5 | 51 |
| 注　口 | III | 24 | 3 | | | 27 |
| 合　計 | | 578 | 439 | 84 | 213 | 1,314 |

土器は全体の 52.5% を占めるが，なかでも深鉢と鉢はもっとも多く，この2つで全体の 43.1% を占め，粗製土器を代表するものであることがわかる。反対に 47.5% を占める精製土器では，浅鉢と壺が多く，この2つで全体の 30.8% を占める。したがって九年橋遺跡では，粗製の深鉢と鉢，精製の浅鉢と壺とを，主な器形としていたことがわかる。

なお前者の深鉢（28.1%）と鉢（7.7%）には，煤あるいは煮こぼれの炭化物が付着しており，煮沸に供されたことがわかる。また後者に属する台付鉢（4.4%），浅鉢（7.0%），台付浅鉢（11.1%），壺（9.1%），注口（11.1%）には赤色顔料の痕跡が残っており，より美しく飾りあげられていることが認められた。

### 3　用途からみた組成内容

大洞諸型式が粗製の深鉢と鉢，精製の浅鉢と壺を主要な器形としてできあがっていることを述べたが，土器を生活用具としてとらえると土器の大きさが問題となってくる。大きさを容量に置き換えてみてみると，表3に示したように，半数近くの土器は 1$l$ 以下の小型品であり，これに 2～5$l$ の中型品を加えると，実に 77.4% は 5$l$ 以下に含まれ，大多数が小容量であることがわかる。従来亀ヶ岡式土器として紹介されてきたものは，これら小容量の土器であり，大洞諸型式を代表するものであると言える。しかしこれと同時に，16.2% の土器は 10$l$ を超す大型品であることも見逃せない。しかもその大部分は，粗製の深鉢であって，大洞諸型式の主要な器形のひとつである。このことによって，大洞諸型式は大きな粗製深鉢

と，小さな粗製鉢，精製浅鉢と壺を中心にして構成されていると言える。

さきに粗製の深鉢と鉢には炭化物が付着し，煮沸に供されたことを述べたが，これによって煮沸具には大小2種類があり，両者が場所や対象によって使い分けられていたことがわかる。大小の煮沸具がどのように使い分けられていたのかについては不明であるが，大型の煮沸具は縄文時代を通じて常に存在したものであり，縄文土器の第1の用途であると言える。これに対して定型化した小型の煮沸具は，大洞諸型式の段階で初めて出現したものであり，その意味では大洞諸型式の特徴のひとつにあげることができる。おそらく小型の煮沸具の存在は，多数の小容量の土器と関連したことであり，食生活の面からの検討が必要となってこよう。

### 4　む　す　び

大洞諸型式の器形組成の研究は，土器用途の推定とからめることによって，これまでの土器研究では見落されがちであった生活用具としての土器

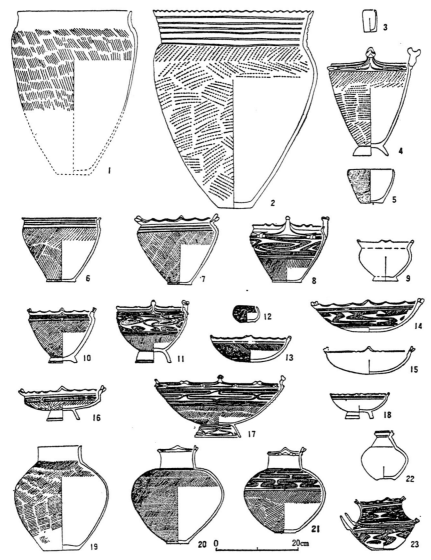

九年橋遺跡の組成
1：深鉢Ⅰ　2：深鉢Ⅱ　3：深鉢Ⅳ　4：台付深鉢Ⅱ　5：鉢Ⅰ　6・7：鉢Ⅱ　8：鉢Ⅲ
9：鉢Ⅳ　10：台付鉢Ⅱ　11：台付鉢Ⅲ　12：浅鉢Ⅰ　13：浅鉢Ⅱ　14：浅鉢Ⅲ　15：
浅鉢Ⅳ　16：台付浅鉢Ⅱ　17：台付浅鉢Ⅲ　18：台付浅鉢Ⅳ　19：壺Ⅰ　20：壺Ⅱ
21：壺Ⅲ　22：壺Ⅳ　23：注口Ⅲ

に目をむけることが可能となったことを述べた。したがって，これからも単に各器形の組成比率のみを追い求めるのではなく，目的をもった組成内容の検討が必要になってくる。その結果，大洞諸型式の内容はより一層明らかにされることであり，そのことがまた編年研究を行なうにあたっての型式設定の基準を明確にすることになってくる。

註
1) 須藤　隆「土器組成論―東北地方における初期稲作農耕社会成立過程究明のための基礎的研究」考古学研究，19―4, 1973

2) 林　謙作「亀ヶ岡文化論」東北考古学の諸問題，東出版，1976
3) 鈴木克彦「亀ヶ岡式土器様式に於ける粗製土器の考察」国学院大学大学院紀要，6, 1975
4) 藤村東男「大洞諸型式設定に関する二，三の問題」考古風土記，5, 1980
5) 藤村東男「晩期縄文式土器の器形組成」萌木，12, 1977
6) 藤村東男「東北地方における晩期縄文式土器の器形組成」史学，50, 1980
7) 藤村東男「縄文土器組成論」縄文文化の研究，5, 1983

# 文 様 帯 論
―時間から空間へ―

群馬県史編さん室
■ 能 登 　 健
（のと・たけし）

土器文様の分析は年代学の範疇をこえて，具体的な人間の動
きを示す文化的背景の分析を思考するものへと発展している

縄文土器に施された文様には施文のための一定
の規範があり，これを文様帯という。文様帯の分
析には二つの方向性がある。一つは，描き出され
た文様の時間的，空間的変化をとらえて編年する
もので，考古学における年代学の根幹をなすもの
である。もうひとつは，施文された文様自体の意
味を考えて，縄文時代の文化内容を分析するもの
である。

前者は，文字資料のない縄文時代にあって，そ
れに代わる年代上の指標を得るものとして重要視
されてきた。土器は，粘土という可塑性に富む素
材を使用して製作されるため，製作者の意図が容
易に反映される。また土器文様は，時間とともに
漸次に変化を繰り返し，さらに特定の空間をもっ
た集団に 施文の 共通性が 認められること などか
ら，年代学の確立にあたって最も有効な手段とな
り，縄文時代の研究のうちでも中心的な課題とし
て今日に至っている。しかし，もう一方の "なぜ
土器に文様が施されるのか" そして "その意味は
なにか" といった文化的側面についての分析はほ
とんどおこなわれていない。これは，縄文時代の
研究を進めるにあたって年代学的分析法の確立が
急務であったことのほかに，考古学の研究体系自
体に問題があったことにもよる。

## 1 文様帯系統論

1932年に山内清男は『日本遠古の文化』[1]で「地
方差，年代差を示す年代学的の単位―我々が型式
と云って居る―を制定し，これを地方的年代的に
編成して，縄紋土器の形式網を作ろう」として本
格的な縄文土器の編年研究に入った。山内は，そ
れ以前の 1930 年には「所謂亀ケ岡式土器の分布
と縄紋式土器 の 終末」[2]で，大洞貝塚出土土器の
いわゆる亀ケ岡式土器の文様を「体部文様帯」と
「頸部文様帯」に分離して分析し，さらに口唇部
の突起（A突起，B突起），突起列，沈線，列点など
の「口部の装飾帯」を加えて，その変化から時期

差を表わす6型式に分類した。この分析法は分層
的発掘法とともに松本彦七郎によるところが大き
く，山内によって系統だてられていった。

山内は体部文様帯をI文様帯，頸部文様帯をII
文様帯として分析を進めるが，早期，中期土器の
分析過程で，I文様帯は口頸部，II文様帯は体部
（胴部）の文様帯として，二つに分離した。しかし，
その後亀ケ岡式土器の文様帯がともにII文様帯で
あることがわかり，IIおよびIIc文様帯に訂正さ
れている。この経緯は，1964年の『日本原始美
術』[3]に「文様帯系統論」としてまとめられた。山
内は，この文様帯系統論を体系化するにあたって，
数多くの層位的（分層的）発掘による資料の蓄積を
試みている。層位的発掘によって得られた時間的
前後関係の明らかな資料をもとに，文様変遷の分
析を試みたのである。そして文様帯系統論が確立
した現在では，縄文土器の分析は真に考古学の方
法である型式学的方法を駆使した分析が可能にな
ったことになる。すなわち，考古遺物の分析は型
式学的方法を第一義として，層位学的方法はその
検証手段として有効性を発揮することになった。
文様帯系統論は，この点で縄文時代の研究のみな
らず，日本考古学の基礎的理論となっている。な
お，文様帯系統論は今村啓爾によって，さらに深
化されている[4]。

ところで，山内は 1960 年の「縄紋土器のはじ
まる頃」[5]中で「縄紋式の大部分には特に文様帯と
いうべきものがある。それが次々の型式に伝えら
れ系統を引いている。その文様帯が早期のある時
期には無いのである」と述べ，撚糸文系土器群と
押型文土器には文様帯が ないとした。また，前
出の「文様帯系統論」では，これらの土器型式に
先行する草創期の土器群にある文様帯を「古文様
帯」として区別した。これは，古文様帯が「渡来
前の原郷土にあった文様帯と関係あるものがある
かもしれない」として，縄文土器の大陸渡来説の
大きな論拠 になっていく。1969 年に発表された

46

「縄紋草創期の諸問題」[6] では「日本内地の主要文化は大陸からの渡来を契機として生じた」として，信念であった渡来文物の摘出作業に入っていく。おそらく，撚糸文系土器・押型文土器を境にして大陸伝来の土器が国内で定式化し，独自の変化をたどるとの考えであろう。

これに対して，小林達雄は新潟県壬遺跡出土の円孔文土器や長崎県泉福寺遺跡の豆粒文土器の分析から，「樹皮籠の口縁に獣の皮をかぶせてそれをかがる際にあらかじめ孔をブツブツ穿けていきます」として円孔文はかがり穴で，豆粒文は縫い目を表現したものとした[7]。縄文土器特有の土器文様についての国内自生説である。この両氏の見解の相異は文様帯系統論を根幹とした対照的なものであり，文様帯系統論が単なる土器編年による年代学の基礎的作業のみでなく，縄文文化の性格論争にまで高められたことになった。

## 2　時間から空間構造へ

山内は，「縄紋草創期の諸問題」で「余り分け過ぎるというブレーキは落伍者の車についていた」として，編年的研究は究極まで押し進めるべきだと主張した。多分に感情を含んだ文章であるが，編年的研究の重要性を訴えたものとしては最後のものとなった。

一方，藤森栄一は「いつまで編年をやるか」として，土器論のうち編年研究偏重の学界風潮に痛烈な批判をおこなった[8]。確かに，土器偏重の学史が続いた。しかし，藤森の文化論と山内の編年論とは，あい対立する関係ではない。両者は矛盾ではなく，むしろ車の両輪であろう。山内は，日頃から自己の研究を「年代学」といっていた。編年は年代（＝年表）の確立であり，これを基本にして各論が出発するのである。たとえば，中期の「大集落」は，土器論のうちの年代学の進捗によって「継続した集落」として再認識され，人口の集中性から生活の継続性の分析へと変化している。しかし，誤解を恐れずいうなら，藤森のいうような現在の土器論の隆盛の背後には，行政需要に伴った発掘調査のなかで，後進によるそれ自体を目的化した遺跡分析の偏重傾向があったことは確かである。

ここでは，論点がそれるために藤森の文化論に立ち入ることは避ける。しかし，文様帯系統論自体にも文化論的発展がある。歴史学における年表

が時間的一系列を示しているのは，地理学が空間領域分析の分野を担っているのに対して，歴史学が時間領域を分析する体系であることを物語っている。これに対して考古学の編年表は，日本列島に分布する土器型式を時間軸と空間軸で表わしている。すなわち，考古学は自己の理論体系の内に時空的分析が完結している。これを土器論のみで考えると，年代学の確立による各地域における時間軸の設定とともに，同一型式の分布圏の設定による空間構造の分析も，考古学の重要な一側面であることがわかる。

小林達雄の範型論は，このうちの空間的分析にあたる。この範型論は可児通宏によって縄文土器に援用され，さらに深化されている[9]。可児は土器文様の施文上の規範を「文様区画の形態を基本に，文様区画の方法・地文がそれに付随するというようなかたちをとっていた」として，共通の文様区画をもつ土器群に対して独自の「大範型」理論を導き出した。この大範型は，一型式内の土器群を分割しさらに型式を越えて整理統合するもので，山内の型式論の枠を越えている点で，小林の様式論の中でのみ機能する。

小林は1977年『日本原始美術大系1』の中で，「縄文土器は山内の型式の一概念で解明するには，あまりに複雑である」として，縄文土器を様式（style），型式（type），形式（form）の三つの概念でとらえようとした。これは，単に年代学の基準に止どまるものではなく，文様を描くという人間の行為を抽出する方向性をもっている。山内の型式概念は時間的にも空間的にも究極まで押し進められるものであり，これに対して小林の様式概念は山内の型式概念を越えた共通性を導入することによって成立する。この様式概念は人間の「行動」からみると明らかにミカケの概念であり，型式および形式的分析を経ることによって具体的な人間の動きに迫ることができることになる。土器の空間分析を前提にした新しい土器論は，土器文様の分析が年代学の範疇を越えて，文化的背景の分析を思考するものへと発展していることを意味している。

## 3　土器文様の意味

かつて能登健は，縄文土器に描かれた文様を「その土器を製作している人間集団の生活内容が抽象的に集約され具現化されたもの」と定義し

*47*

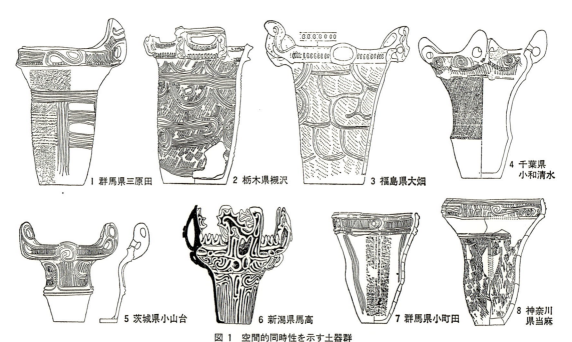

**図1 空間的同時性を示す土器群**
型式の一変する時期には製作者の個性や地域性が顕在化することがある。図示した土器は加曽利E式土器の定型化直前のもので、それぞれ個性的な器形や文様構成をもっている。しかし、口縁部文様帯に縦位の沈線文様をみる点で同時性を理解できる。これらの文様要素は関東地方では7・8への型式変化をおこなうことによって加曽利E式土器の一形態を構成することになる。

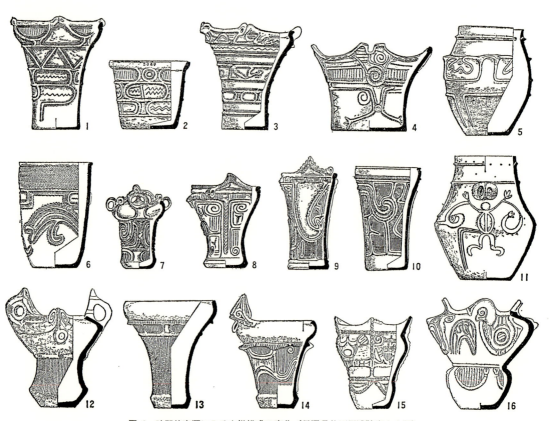

**図2 時間的変遷にみる文様構成の変化（長野県井戸尻遺跡出土土器）**
1～5は勝坂1段階で、三角や楕円の隆帯は文様構成の基本として機能している。これに対して2段階の6～11は区画内の文様が飽和状態となり、隆帯上にも各種の刻み目が施される。3段階の12～16になると隆帯は完全に他の文様要素と一体化する。蛇体文・人体文などは、この過程で登場し、消失する。（図版は『井戸尻』より転載）

た[10]。土器に描かれた文様は，縄文世界を堅持させるための原動力のひとつであった。すなわち，土器文様は縄文時代の生活を精神的に支えていた呪術行為の主要な部分である。しかし，それはあくまで抽象的であり，具体的な意味を導き出すには多くの困難さを持っていた。藤森と武藤雄六は縄文農耕論を主張する立場から，土器文様に解釈を加えた。この問題を，蛇体文を中心に考えてみよう。

藤森は，縄文時代の中期に中部山岳地帯を中心にして焼畑の形態による原始陸耕が開始されたとし，その理論的根拠のひとつに蛇体文の成立をあげた[11]。蛇体文は，粘土紐を張り付けた隆帯に刻みが施され，あたかも蛇体をおもわすモチーフの先端に蛇の頭部が作出されたもので，土器の胴部や口縁部あるいは把手の部分に頭部が位置する。時期は，勝坂2・3式段階の藤内・井戸尻式土器などにみられる。

この蛇体文の成立過程を理解するには，先行する勝坂1式段階の狢沢・新道・後田原式土器などをみる必要がある。この段階の隆帯文は，文様を完成させる上での基本的な区画を意味する。

まず，隆帯による文様構成がおこなわれ，その区画に則して他の文様要素が付加される。隆帯の区画は三角形や楕円が多く，その隆帯の両側に角押し文，ペン先文，爪形文などと呼ばれる文様が連続して施文され，それらの文様はモチーフを変えつつ区画内を埋めようとする。文様構成は若干の突起状のモチーフのほかは概して平面的で，器形も単純なものが多い。しかし，全体的な文様構成は先行する五領ケ台式土器に比べて器面全面におよんでいるとともに，各文様要素は器面全面を埋めようとする傾向をみせている。

次の勝坂2式の段階になっても，以上の傾向は継続していく。文様の施文は器面全面を埋め尽くし，その結果として文様の立体化が図られる。隆帯はより太くなり，しかも区面が流動的に変化して，口縁部では文様帯の枠を逸脱して口唇部を越えて把手化する。隆帯区画内の文様も施文空間が飽和状態になり，隆帯上に及んでくる。蛇体を思わせる連続した爪形文をもつ隆帯文はこのような変化のもとに成立し，頭部が付加されることになる。おそらく，制作者は一連の変化の結果として蛇がイメージ化されて，初めて蛇頭部を付加したのであろう。このようにして考えると，元々は蛇が意識されてはいなかったことになる。文様の抽象的変化の過程での一過性の変化と言わざるを得ない。このような現象は，顔面把手や人体文の成立にも同様の過程として看取される。

勝坂式土器様式の特徴は，文様施文の飽和化にある。この傾向は中部山岳地帯では曽利式土器様式の初頭まで続くが，その後は省略化の過程を歩むことになり，具体的なモチーフもその中で忘れ去られていく。具体的な"物"を意識した文様は，全体的な文様帯の変化をみることによって，変化の結果として突然現われることが理解できた。このことは土器の文様が具体的な"物"を意味しないことを裏づけており，すべてが抽象的変化の連続であることを意味することになる。小林の言う，最古の土器の文様が縫い目やかがり穴の形骸化したものであるとすれば，その段階では縄文土器には意味のある，あるいは意味のわかる文様が施文されていたことになる。しかし，皮から土へと素材が変化することによって失能化した"物"は文様化して，その後独特な文様帯を形成しつつ縄文人の欠くことのできない生活の規範となっていった。現段階では，縄文土器の文様のみをとりあげて，その具体的意味を追及することは極めて難しい。むしろ，縄文時代の生活を支えたすべての呪術道具を体系的に分析する中で，改めて土器文様の意味するものが問題意識化されるであろう。

註
1) 山内清男『日本遠古の文化』1932
2) 山内清男「所謂亀ヶ岡式土器の分布と縄紋式土器の終末」考古学，1—3，1930
3) 山内清男『日本原始美術』1964
4) 今村啓爾「文様の割りつけと文様帯」縄文文化の研究，5，1983
5) 山内清男「縄紋土器のはじまる頃」上代文化，30，1960
6) 山内清男「縄紋草創期の諸問題」ミュージアム，224，1969
7) 小林達雄 ほか「縄文土器の起源」国学院雑誌，81—1，1980
8) 藤森栄一「いつまで編年をやるか」考古学ジャーナル，35，1969
9) 可児通宏『平尾遺跡調査報告』Ⅰ，1971
10) 能登 健「縄文文化解明における地域研究のあり方」信濃，27—4，1975
11) 藤森栄一『縄文農耕』1970

# 文様系統論―関山式土器――
――その成立と終末――

日本考古学研究所
**新 井 和 之**
（あらい・かずゆき）

二ツ木式から関山式にかけては羽状縄文が発達し，さまざま
な縄が使われるが，組紐文の登場で文様帯はなくなっていく

## 1 研究の方法と現状

　関東地方における縄文時代前期前半の二ツ木式から関山式については庄野靖寿[1]・下村克彦による研究に続いて，とくに近年では黒坂禎二の細分[2]が注目される。そのアプローチは，竪穴住居址出土の一括資料を基準にして段階分けする，藤森栄一・武藤雄六の井戸尻編年をあみ出した方法を該期に当てはめた研究である。筆者の黒浜式土器の研究もまた，この方法で進めている。

　本稿はとくに文様帯に視点をおいて，その変遷を辿ってみようとするものである。

## 2 土器の変遷と文様系統

　二ツ木式と関山式土器は関東地方に核地域がある。他地域の土器型式からの影響は少ない。しかし特徴的な発達をみせる組紐文の発生については，東北地方からの影響と考えられる。縄文前期前半の「羽状縄文系土器」における花積下層式から黒浜式に至る各型式に共通するのは，①胎土に繊維を含むこと，②羽状縄文の発達，と言う2点である。

　そこでまず羽状縄文の変遷からみてゆくことにする。花積下層式の羽状縄文はきわめて整った等間隔の羽状で，器面全体を覆う点に特色があり，黒坂禎二はこれを「等間隔分割構成区画」と命名している[2]。黒坂の見解ではさらに二ツ木式までこの要素が続き，関山貝塚第1号住居址の段階[1]で等間隔が崩れるとしている。

　羽状縄文が量的に減じて行くのは琵琶島貝塚第2号住居址段階になってからで，その頃から組紐文の多用が始まるのである。組紐文の増加する傾向は，そのまま編年の基準になる。住居址出土の施文原体をパーセンテージで示すのが，とくに花積下層式，関山式には必要とされるし，きわめて有効である。

## 3 二ツ木式，関山式土器の副文様帯

　二ツ木式から関山式にかけては口辺部の他にも胴部中間や底部付近に羽状縄文の一部を文様帯に転じたものがある。つまり1個の土器の中に口辺部と胴部に文様帯が設けられる。このような現象を山内清男は「副文様帯」とした。この場合，口縁部文様帯と類似した文様帯が付くことになる。土器論の上から副文様帯が重視されるのは，口縁部文様帯が時間幅の変遷を示すのに対し，副文様帯は土器そのものを変化させて行くと言われているからである。この現象が顕著なのはむしろ縄文後晩期の土器であるが，黒坂の言う縄文の幅が変化してくる事実も，副文様帯の存在を介して考えると，別な解釈になるように思う。

　かつて庄野靖寿が埼玉県関山貝塚の報告で指摘した[1]，意識的に異種の縄文を部分的に施文して，文様効果をあげる図1—5のようなものも副文様帯からの発展として考えられる。図1—14のように無文帯を残すものは関山貝塚第1号住居址にもある。縄文帯や無文帯そのものを副文様帯とすることは，副文様帯の拡大解釈のように思うので，ここでは胴部文様に口辺部文様帯に似た文様帯が付いた場合を副文様帯と呼ぶことにした。この副文様帯は口縁部文様帯の直下に付く図1—2・4・7・18のような例や1・7・10のように複数の副文様帯を有するものもある。

　二ツ木式から関山I式の文様帯内には地文を施さないものが多い。地文と文様帯は二ツ木式では刻目を持った隆起線，関山I式では半截竹管などで明瞭に横位区画を行なう。図1—1・2・4・7・11の場合，地文との間には横位区画を持っている。しかし，横位区画は関山II式になってから崩れる。この区画が崩れる現象は羽状縄文の減少に伴って進行する。図1—7を筆者が重視するのは，口縁部文様帯を含めて3段の文様帯がある内で最も下段の副文様帯に横位区画を欠いているこ

とである。これが関山Ⅱ式の新しい部分の口縁部文様帯に多用されてくる。そして黒浜式の発生時には横位区画を省く原因になると考えていた。しかし，図 1—18・22・23 などの黒浜式第Ⅰ段階に残存する関山式系統の土器にも口縁部文様帯区画を明瞭に残す矛盾は，関山式には数系統の系統差があると考えねばならない。

## 4　二ツ木式から関山Ⅰ式の成立

二ツ木式土器は否定的な見解もある。最近刊行の麻生優・白石浩之著『縄文土器の知識Ⅰ』（東京美術）でも関山Ⅰ式に含めている。埼玉県貝崎貝塚での黒坂の見解も紹介されているので，二ツ木式の細分案を著者が知らないとは思わないが，ここでは二ツ木式の内容を示し関山 Ia 式の成立をたどりたい。二ツ木式はそれ自体2細分（Ⅰ・Ⅱ式）されるが[2]，二ツ木Ⅰ式はさらに新田野段階と宮ヶ谷塔第4号住居址段階に細分を考える必要があるくらいである。二ツ木Ⅱ式は貝崎遺跡B-23号住居址が好資料である[2]。

二ツ木式の文様帯は花積下層式から発展した。したがって二ツ木Ⅰ式の段階には花積下層式の遺制を色濃く残していわゆる新田野段階花積下層式に近い土器群を含む。文様帯区画には花積下層式にあった口縁部と，胴部の地文との境界に隆起線文が残る。花積下層式は蕨手状を呈する撚糸の側面圧痕を持ち，円形竹管文や刺切文と組合わせた文様を一つの典型とする。二ツ木式は撚糸の側面圧痕や，文様帯区画の隆線を沈線に置換する。型式学的に見れば一括遺物の中で新たなものと残存するものの割合が問題となる。花積下層式より関山式では地文の原体は何かと言う問題とともに，破片の数量的な値が編年の根拠となるので重要である。その消長は，撚糸の側面圧痕は花積下層式に発達したが，二ツ木Ⅰ式の新段階には少なくなり，関山Ⅰ式の発生を見ずに終る（註1に詳述）。結節部分のみを施文したもの（図 1—5 の3段にわたる縄文）は，二ツ木式からその量を減じながら結局関山Ⅰ式でも古段階までしか残らない。花積下層式から関山Ⅰ式の古い段階にかけて減じて行くものに刺切文がある。

二ツ木式の大きな特徴は沈線を一本書きで描出することである。したがって関山式の特徴である爪型文やコンパス文は二ツ木式には存在しない。図 1—1～4 は梯子段状の短沈線を平行線間に施

す。これも二ツ木式の特徴である。図 1—5 は，これを置換して多截竹管で沈線を引き，爪型文を充填した関山Ⅰ式の古段階の土器である。

二ツ木式と関山Ⅰ式の口唇部は内削ぎ状のものが多く，花積下層式に多かった口唇部への縄文や刻目施文は新田野段階以後にはほとんどない。底部は揚げ底や平底が多く，底部に縄文や竹管文が及ぶものもある。したがって口唇部は文様施文部にならないが，底部は施文部として扱われる。これが黒浜式第Ⅰ段階まで残る。

文様帯の内部構造は二ツ木式では左右対称の文様を4単位施文したのを基本とする。しかし関山Ⅰ式は左右非対称の文様となり，二ツ木式との弁別要素にもなる点は重要である。

関山Ⅰ式は現象面からは二ツ木式の古い部分にみられる要素のいくつかを発展解消したものと言える。一方関山Ⅰ式の古い部分で新たに獲得する要素として，黒坂の言う異間隔横帯区画の縄文帯，多截竹管による沈線，コンパス文などがある。さらに平縁の土器では突起を加えたものがある。これは二ツ木式にはないもので，黒坂は集合角状，臼歯状，半円状と言う3種に分けている。臼歯状突起は関山Ⅰ式後半から関山Ⅱ式前半まで使用され，半円状突起は片口注口土器の注口部左右両端に付加される。他に関山Ⅱ式の新しい部分に臼歯状突起が発展して刻目が上端にないものが図 1—13 で，中部高地の神ノ木式期，中越遺跡第2号住居址にもある[3]。伴出した土器から中越の方が図 1—13 を含む井沼方より古い。

## 5　関山Ⅱ式から黒浜式の発生

関山Ⅱ式の特徴は，器形において片口注口が増加し波状口縁が平縁化する点にある。また，括れを持った器形が減少する傾向を見る。地文においては組紐文が次第に増加しながら，やがて全体の60%あまりが組紐で占められるに至ると言う[1]。

組紐文が増加するに従って文様帯も大きく変わる。横位区画の消失が羽状縄文の減少に伴って徐徐に進行するからである。東関東の黒浜式はこのような系統の上に成立するので文様帯が発達しない。そして大波状の波状口縁で括れを持った器形が基本的にないのである。かくて持ち合わせにこと欠いた大波の波状口縁を持った深鉢を，有尾系土器で充填しているのである。この時期に関わる好資料は少ない。埼玉県宿上貝塚は好例ながら

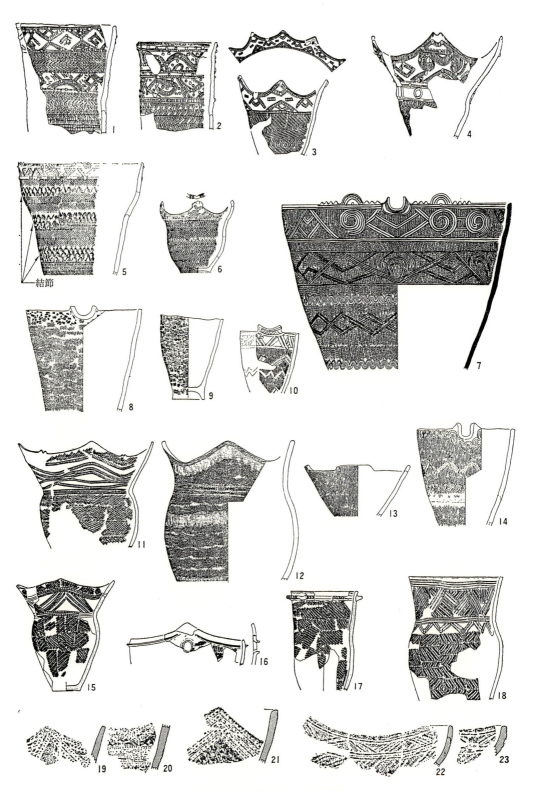

図1 関山式土器を中心とした文様帯
1～4：二ッ木式土器　5～10・12～14：関山式土器　11・15・19～21：有尾系土器　16～18・22・23：黒浜式土器
1～4：深作東部 B-23 号住居址　5・6：関山貝塚第1号住居址　7：後山第4号住居址[15]　8～10・12～14：井沼方5区第1号住居址　11：中棚 NJ 16 号住居址　15～23：若葉台遺跡（15～17：002 号住居址　18～20：011 号住居址　21～23：009 号住居址）

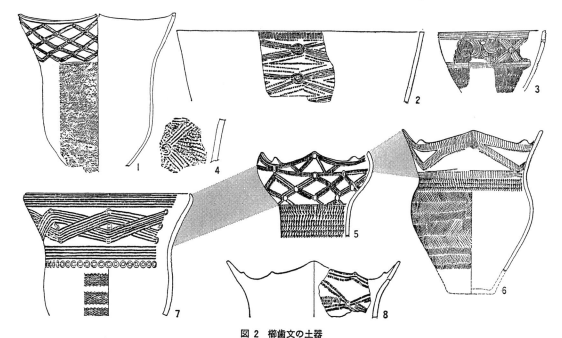

図 2 櫛歯文の土器
1：神ノ木式土器（中越遺跡第2号住居址）　2：有尾式土器（舅屋敷第2号住居址）　3：関山Ⅱ式土器（井沼方5区第1号住居址）　4：黒浜式土器第Ⅰ段階（西方貝塚）　5・6：宮田貝塚第Ⅲ群土器（宮田貝塚）　7・8：南太閤山ZⅢ式？（南太閤山）

未報告だったので理解が進まずにいた。かつて千葉県飯山満東遺跡第21号住居址などの例を取り上げた[4~6]が不充分であり、そのためか混乱する者もいた。茨城県原町西貝塚で鈴木素行が示した黒浜式の最古部分は関山式そのものであり[7]、清水の上Ⅱ式、上の坊式、大木系土器などの弁別誤認が目立つ。ここで逐一ふれる余裕がないので、まず問題となる黒浜式第Ⅰ段階の新資料を示し、認識を改める一助としたい。

本稿では流山市若葉台遺跡の住居址10軒の内002号・009号・011号住居址[8]の計3軒を一部便宜的に取り上げた。これらは相互に不足する資料を補完するものと思う。ここで目につくのが関山式土器の系統を引くもの（図1—16・17・18・22・23）と有尾系土器（図1—15・19～21）が多く含まれていることである。下総台地の第Ⅰ段階には他に有尾系土器がこれほど質量ともに出土した例はない。若葉台遺跡に隣接する上貝塚遺跡[8]は第Ⅱ段階であるが、住居址内からは有尾系土器の出土は少ない。比較資料としての両遺跡は価値がある。若葉台と関山式土器の最終末期と考える埼玉県井沼方遺跡[9]の図1—10や14とを比較すると、鋸歯状の構成は若葉台遺跡の図1—15に廻る口縁部文様帯と描き方が近い。器形と文様帯区画は群馬県中棚遺跡[10]の有尾系土器（図1—11）に類似点が多い。つまり有尾系土器の器形と文様帯に、関山式の文様帯を取り入れているのである。この土器が波状口縁の器種であるのは、波状口縁の器種を有尾系土器で補完した黒浜式土器の器種構成を示す。図1—16は、この段階に普遍的な出土を示す注口土器で、図1—17も注口土器の可能性が大きい。鍔を持った土器は黒浜式の新段階に出土しない。これは注口土器が関山Ⅱ式の遺制として考えれば当然のことである。土器は古い要素から脱けるからである。関山式に近い図1—22・23を出土した009号住居址でも図1—21のような有尾系土器を伴出するが、波状口縁である点に注目したい。

井沼方遺跡第5区第1号住居址[9]で筆者が興味をひいたのは図1—12で、括れ部と口縁部に爪型文を配し、関山Ⅱ式に少ない大波状の波状口縁を持ったものである。これは有尾系土器の文様帯区画を真似ていると見ると、有尾系土器が黒浜式土器より早く、関山Ⅱ式の段階で発生したことになる。これは土器分布圏の上からも、ぜひとも問題にしなければならない。

中部地方の土器群と関連する要素に櫛歯文をあげたい。櫛歯文の多用は関山式より神ノ木式に顕

53

著で描出法も多様であり，関東より櫛が重視されている。図2−2は菱形文の連結部を蕨手状にする。これは図2−1に系譜が求められ，これを省略して図2−2の文様帯となる。関東には完成されて入ってくる。図1−14はとくに副文様帯としての存在には他地域の文様が副文様帯に入り込む，縄文後晩期の文様帯系統論に近い発想を必要としている。図1−14に近い図1−18は鋸歯状文の施文具を置き換え，頂点の円形文も図1−14とは描出法が異なり，14に比べ省略化している。さらに省略化したのが図2−4[11]である。櫛歯文が中部に発生し，関東に流入するのを前提として述べたが，図1−14のような文様それ自体は関東では関山I式にもある。関東では施文具さえ交換すれば発生するのである。しかし副文様帯に用いられるのと，中部地方の櫛を多用する現象からは，このように考えることも可能と思う。

有尾系土器には長野県有尾遺跡の報告にない要素がある。菱形文の分岐点への円形文，波状口縁の波底部に小突起を持つのがそれで，図2−5・6[12]は福島県，図2−7・8[13]は富山県の例である。図1−11のようにいずれかの要素を持ったものは群馬県や埼玉県にも分布するので，地学で言う鍵層の役割が可能である。北白川下層式の分布圏にも分布する。

関東に出土した北白川下層式を黒浜式に対比した原町西貝塚[7]のクロスディーティングよりも明確かつ綿密な対比が可能となる点はとくに重要である。図2−5・6は福島県宮田貝塚第III群土器[12]であり，以前二ツ木式周辺に位置づけられていたが，かかる特徴は有尾系にもある。図2−5は図2−7と副文様帯部分の菱形文描出法が一致するが，図2−7は図2−1のようなものを祖形と考える。図2−6も縄文帯の幅が異間隔であるのは二ツ木式並行ではない証拠であり，図1−15・18の口縁部文様帯に近いのも偶然の所産とは思えない。図2−7は地文に組紐文を施文するが，組紐文は関山II式の新しい部分に多用されることはすでに述べた。有尾系土器発生時の北陸での状況を伝えるものとして評価したい。図2−5の文様帯は，図2−6・7の口縁部文様帯を重ねたものであり，共に同時期の可能性が強いのを指摘できる点重要である。

関山式から黒浜式への移行は，まだ不明瞭な点が多い。地文が関山II式最終末期に組紐60％あ

まりから斜行縄文になる。その変わり方があまりに急激である。縄文ではループ文が残るが，これは大木I式や大木IIa式にもある。黒浜式の第I段階に存在するループ文の祖源は，関山式よりも大木I式や大木IIa式ではないかとも思うが，まず関山式のループ文と黒浜式のループ文との差異を確認したい。関山式では羽状縄文の形をとるが黒浜式は斜行施文のみである。これは下村克彦の観察によるが，羽状縄文の退化をここに見る。図2−5は一部羽状となり，古い要素を残す。

井沼方遺跡第5次第1号住居址[9]には貝殻文土器が比較的多いが，図1−8・9はそれで，共に貝殻背圧痕である。これは大宮台地の黒浜式[4~6]第II段階の，かつて「文蔵式」と呼ばれた貝殻文土器に連続するものとして注目される。それだけに総数量表示がないのが惜しまれる。貝殻文[1]は花積下層式が殻頂部をよく使うが，関山I式は中央部より左右の端部寄りを使う。黒浜式[4~6]では，黒浜式第II段階の大宮台地には貝殻文のバラエティーが多いのが知られる。

註
1) 庄野靖寿・高野博光ほか『関山貝塚』埼玉県埋蔵文化財調査報告書3，1974
2) 黒坂禎二ほか『深作東部遺跡群』大宮市遺跡調査会報告10，1984
3) 宮田村誌刊行会「中越遺跡」宮田村誌，上巻，1982
4) 新井和之「黒浜式土器」縄文文化の研究，3，1982
5) 新井和之「黒浜式土器小考追録（その2）」土曜考古，7，1983
6) 新井和之「黒浜式土器研究の現状と今後の課題」土曜考古，10，1985
7) 鈴木素行ほか『原町西貝塚発掘調査報告書』古河市史料，9，1985
8) 原田昌幸ほか「若葉台遺跡」「上貝塚遺跡」常磐自動車道埋蔵文化財発掘調査報告書V，千葉県文化財センター，1986
9) 小倉　均ほか『大北遺跡・井沼方遺跡発掘調査報告書』浦和市遺跡調査会報告書15，1981
10) 富澤敏弘ほか『中棚遺跡』群馬県昭和村教育委員会，1985
11) 茅ヶ崎市「西方貝塚」茅ヶ崎市史，3，1980
12) 竹島国基ほか『宮田貝塚』福島県相馬郡小高町教育委員会，1975
13) 山本正敏ほか『南太閤山I遺跡』富山県教育委員会，1986
14) 島田哲男ほか『舅屋敷』塩尻市教育委員会，1982
15) 高橋俊男ほか『後山遺跡』上尾市教育委員会，1974

# 文様系統論—縁帯文土器——
—その成立を中心に—

奈良大学助教授　奈良国立文化財研究所
■ 泉　拓良・玉田芳英
（いずみ・たくら）　（たまだ・よしひで）

東海から中・四国地方に広がる後期前・中葉の縁帯文土器は福
田KⅡ式を祖型とし，西日本において独自に成立したといえる

　縁帯文土器は，三森定男氏の命名によるもの[1]
で，屈曲ないし肥厚した口縁部に文様を集約させ
ることを主たる特徴とする。かつては，かなり広
範囲の土器型式に対して用いられていたが，現在
では，近畿地方に分布する北白川上層式や，瀬戸
内地方の津雲A式・彦崎KⅠ式など，東海地方か
ら中・四国地方に至る後期前・中葉の土器型式を
総称するときに用いている。京都市北白川小倉町
遺跡や岡山県笠岡市津雲貝塚など著名な遺跡で出
土していたために，古くから注意をひく土器であ
った。その後，近畿地方では縁帯文土器を2ある
いは3型式に細分する案が発表されているが[2]，
瀬戸内地方でのこの時期の土器研究はほとんどな
い。そのためもあって，縁帯文土器の成立につい
ては，見解の相違が生じてきた。鎌木義昌氏をは
じめ，後期初頭の中津式の系譜をひく福田KⅡ式
の後に縁帯文土器が位置するという考えが一般的
であったが[3]，田中良之・松永幸男氏は近畿地方
に福田KⅡ式の報告例がほとんどないことや文様
の広域比較から，縁帯文土器の第1期は福田KⅡ
式に併行するものであるとしている[4]。関東地方
との併行関係でも，鎌木氏らや田中・松永氏は福
田KⅡ式を堀之内Ⅰ式にあて，また今村啓爾氏は
称名寺Ⅱ式併行にしており[5]，複雑な状況を呈し
ている。
　このように，縁帯文土器の成立の問題は，福田
KⅡ式と縁帯文土器の編年関係や関東地方との併
行関係を含み，西日本の後期縄文土器編年の重要
な一課題となっている。そこで，筆者らは最近発
掘された良好な資料を加えて，関係諸型式の型式
学的序列化を試みた結果，福田KⅡ式期を経て縁
帯文土器が成立する過程と，関東地方との編年関
係を明らかにできたと考える。

## 1　中津式から福田 KⅡ 式への変化

　今村氏は「称名寺式土器の研究」の中で，中津
Ⅰ式とⅡ式の細分をおこない，合せて中津式と福
田KⅡ式をつなぐ資料として高知県宿毛貝塚や山
口県月崎遺跡の土器を例示し，その変遷を想定し
た。その後，このような土器に類似した土器群の
発見があり，器形と文様構成からみて独立した時
期としてとらえられる。これらの土器は，基本的
には中津式に類似した文様を持つが，典型的な中
津式と比べて，渦巻文の末端が途切れて鍵手状の
入組文風になる特徴が見られ（図 2—1），また，
沈線が変曲点で連続せずに末端同士が離れたり，
食い違ったりしている部分が見られる（図 2—2）。
さらに，中津Ⅱ式に一般的な，口縁部，胴くびれ
部，胴最大径部のそれぞれに横方向の磨消縄文帯
を施す文様構成原理も崩壊し，胴部文様帯が下方
へ拡大する傾向が認められ，口唇部の肥厚拡大が
強まって，波状口縁の土器においては波頂部に文
様を集約させる特徴も指摘できる（図2—2）。こう
した土器群は，大阪府野畑遺跡，兵庫県小路頃才
ノ木遺跡，鳥取県島遺跡，岡山県舟津原遺跡[6]な
ど近畿・中四国地方各地で出土している。出土遺
跡を検討すると島遺跡では典型的な中津Ⅱ式を含
まず，小路頃才ノ木遺跡の土器はほぼこの時期の
単純な資料と見てよい。このように，中津式から
その最も新しい様相の土器群（仮称中津Ⅲ式）を抽
出することによって，福田KⅡ式の成立を連続的
に辿ることができるし，また，福田KⅡ式の定義
を明確にしうる。
　従来は，3本沈線による磨消縄文帯が福田KⅡ
式の最大の特徴とされてきた。しかし，福田KⅡ
式でも磨消縄文帯を2本の沈線で描く土器が存在
し，3本沈線の土器でも，器形や文様帯の区分が
縁帯文土器と等しく，後出とみられるものもあっ
て（図 2—9 など），単純に3本沈線を以って福田
KⅡ式の指標とはできないのである。まず，文様
構成から見ると，口縁部文様帯は肥厚もしくは拡
大した口唇部に及ぶようになるが，下端の沈線は
器面の外側にとどまり，この沈線を介して頸部以
下の文様と接続している（図 2—6・7）。また，胴

**55**

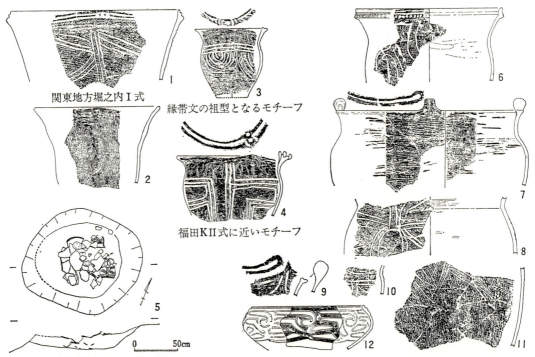

図1 奈良県広瀬遺跡・和歌山県亀川遺跡出土土器および遺物出土状況（1〜5：広瀬，6〜12：亀川，土器縮尺1/8）

部の文様は磨消縄文帯を垂直・水平，そしてしばしば斜位に展開させて，同一単位を繰り返すことはほとんどなく，文様帯は底部間際まで拡大する。こうした現象は，中津式に見られた文様構成原理の崩壊と，文様帯の下端区画として機能していた胴最大径部の磨消縄文帯の消失に起因するものと思われる。一方，沈線の施文技法を仔細に観察すると，沈線の変曲点で連続せず，離れたり食い違ったりする部分があって（図2-6），先行する「中津Ⅲ式」と同様の特徴も保持している。

福田KⅡ式のまとまった資料は主として瀬戸内地方の遺跡に多いが，近畿地方以東でも京都府桑飼下遺跡，滋賀県仏性寺遺跡，福井県右近次郎遺跡，和歌山県松瀬遺跡[7]などで出土しており，さらに，搬入品ながら石川県気屋遺跡にまで及んでいる。後述するように，福田KⅡ式の伝統を引く後続の土器型式が近畿地方に分布していることからみても，福田KⅡ式が近畿地方にも主体的に存在しているものと考える。

## 2 福田KⅡ式と縁帯文土器をつなぐ土器

福田KⅡ式と縁帯文土器との相違点は，福田KⅡ式の口唇部と器面外側にまたがっていた口縁部文様帯が上退し，器形，文様帯とも口縁部が頸胴部から明確に区分されるようになることであり，

また，胴くびれ部で頸部と胴部とがわかれ，頸部の文様が無くなっていくことである。福田KⅡ式から縁帯文土器の変化をこのように捉えた場合，従来の資料の中にも両者の特徴を兼ね備えた土器が少なからず存在していることに気づく。その代表的な土器は大阪府四ツ池遺跡出土例[8]で，そのほとんどが福田KⅡ式と縁帯文土器の両者の特徴をもちあわせ，まとまった内容を示している。当初はこうした類例があまり知られていなかったが，最近の資料の増加によってこのような土器は，広島県洗谷貝塚，鳥取県島遺跡，同県布勢遺跡，京都府下海印寺遺跡，奈良県広瀬遺跡，同県布留遺跡，和歌山県亀川遺跡，福井県三室遺跡，同県右近次郎遺跡[9]など，ほぼ全西日本的に出土が知られるようになった。

四ツ池式とでも仮称すべきこの土器は，福田KⅡ式と比べると，屈曲して上方に拡大した口縁部（図2-14）や，上端が肥厚拡大した口縁部（図2-10）に口縁部文様帯を独立して設けている。文様は福田KⅡ式と似て未発達で，1〜2本の平行沈線（図2-9・14）と，沈線の外側を刻むもの（図2-8・12・15）が多い。このように，「四ツ池式」は文様帯の区分では福田KⅡ式と異なるが，文様には連続が認められるのである。

胴部文様にも福田KⅡ式の伝統が多少残存して

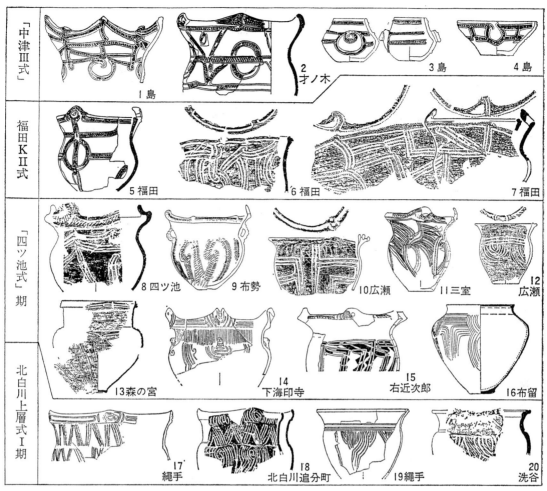

図2 中津式から縁帯文土器への変遷（縮尺不同）

いる。斜位に展開する3本沈線の曲線的モチーフ（図2-8）もあるが、単位文様を繰り返す傾向が再び生じて、硬直化した雰囲気を示す文様（図2-10）も多い。また、3本沈線を持ちながらも、頸部の無文化が認められ、それに伴って頸胴部境のくびれが極端になり、頸部が強く外反して橋状把手のつく土器（図2-9）もあり、同様の器形・文様構成で胴部に鍵手状入組文と多条沈線文を施すもの（図2-14）や3本沈線を基調としその間を多条沈線で埋めた土器（図2-11）などがあり、縁帯文土器につながる要素が出現している。以上のように、「四ツ池式」は、福田KⅡ式を祖型として成立し、縁帯文土器につながる土器群と言え、この土器群が全西日本的に分布していることからみて、福田KⅡ式→「四ツ池式」→縁帯文土器とほぼこの地域で変遷したと考えられる。「四ツ池式」には若干の地域色が認められ、口縁上端が肥厚し胴部に3本沈線文様の多い大阪湾〜瀬戸内海沿岸の地域と、縁帯風の口縁部で鍵手状入組文の多い日本海側の地域とである。

## 3 縁帯文土器の成立と関東地方編年の関係

広瀬遺跡では短期間に埋没したとみられる土壙内で福田KⅡ式的な土器と縁帯文土器につながる土器との「四ツ池式」の2タイプが折り重なって出土している（図1-5）。さらにこれらの土器には関東地方の堀之内Ⅰ式中頃の土器（図1-1）が伴出しており、この時期の年代の一点を示している。この広瀬遺跡の縁帯文土器の祖型になる土器（図1-3, 2-12）の口縁部上端の文様が省略され、胴部文様が奈良県布留遺跡例（図2-16）のように多条2段化したものが大阪府縄手遺跡例[10]（図2-19）である。広瀬遺跡例（図2-10）の胴部文様は右近次郎遺跡例（図2-15）を経て、縁帯文土器胴部の垂下条線文や多重長方形沈線文に変化したと考えられる。また、北白川上層式1期によく

見られる入組文を中心にもつ多重沈線文（図2—18）は，福田KⅡ式の鍵手状入組文を祖型として，布勢遺跡例（図2—9）や下海印寺遺跡例（図2—14）を経て沈線が多条化し，隣の沈線束と結合して生じたものと言えよう。

以上のような変化のほか，「四ツ池式」に顕著な口縁上端の拡張や肥厚（図2—12・16）が退化して，口縁内面にその肥厚帯が下りるという土器（図2—20）もあり，外面に口縁部文様帯をもつ器形は「四ツ池式」に比べて頸部の屈曲が弱まって，口縁部の拡大が認められる。拡大した口縁部には，森の宮貝塚例（図2—13）にその萌芽のある長方形の区画文（図2—17）や，口縁部の刻み目文（図2—11）に起源のある多重連弧文（図2—18）がほとんどの有文深鉢に施されている。

このように，縁帯文土器の多くは「四ツ池式」の系譜から辿れるものである。しかし，近畿地方ではそのような縁帯文土器に加えて，関東地方の堀之内Ⅰ式新相の土器そのものといってもよい土器が必ず一定量伴っている。しかし北白川追分町遺跡（京大植物園遺跡）[11]出土のこの種の土器は，胎土分析の結果では，在地産のものがほとんどということであり，北白川上層式の一器種を構成していたと考えられる。こうした関東系の要素をふくみもつ点において，中津式から「四ツ池式」までの諸型式とは大きく異なる。

以上概観してきた近畿地方を主とした西日本の後期前葉の諸型式は，関東地方のいかなる土器型式に対応するのであろうか。「四ツ池式」に共伴した関東系の土器は，広瀬遺跡例（図1—1）が，堀之内Ⅰ式の中頃（鈴木徳雄氏の言うC種2群）[12]に当たるが，布勢遺跡からは古相の土器（鈴木氏のB種1群），亀川遺跡からも古相の土器（図1—6，鈴木氏のA種1群）が出土している。また，北白川上層式1期が堀之内Ⅰ式の新相に併行することは，多くの研究者が認めるところである。

このように，「四ツ池式」から北白川上層式の年代差は関東地方の土器編年との対比でも矛盾がなく，「四ツ池式」が堀之内Ⅰ式の古一中段階で，北白川上層式1期が堀之内Ⅰ式新段階に当たる。『四ツ池式』には古段階の堀之内Ⅰ式が伴っていることからみて，直接的証拠はないが，かつて今村氏が提唱したように福田KⅡ式は，称名寺Ⅱ式に併行する可能性が強いということになる。

本文を書くにあたって，ご教示をいただいた，

佐原　眞，大塚達朗，石井　寛，鈴木徳雄氏に感謝いたします。

　　註

1) 三森定男「西南日本縄文土器の研究」考古学論叢，1，1936

2) 原田修氏による縄手1式，同2式の細分（原田修ほか『縄手遺跡1』縄手遺跡調査会，1971），泉拓良の3期細分案（泉　拓良「近畿地方の土器」縄文文化の研究，4，雄山閣，1981）

3) たとえば，鎌木義昌『日本の考古学』2，河出書房新社，1965，などの概説書，註5）の今村論文

4) 田中良之・松永幸男「広域土器分布圏の諸相」古文化談叢，14，1984。泉も同様に考えていたことがある（泉　拓良「西日本縄文土器再考」『考古学論考小林行雄博士古稀記念論文集』所収，平凡社，1982，提出は1976年）

5) 今村啓爾「称名寺式土器の研究」考古学雑誌，66—1・2，1977

6) 豊中市教育委員会『野畑遺跡第一次発掘調査報告』1981。前田豊邦・高松龍暉「小路頃才ノ木遺跡発掘調査概報」兵庫考古，17，1982。久保穰二朗『島遺跡発掘調査報告書第1集』北条町教育委員会，1983。横山浩一・佐原　眞『京都大学文学部博物館考古資料目録』1，1960

7) 渡辺　誠編『桑飼下遺跡発掘調査報告書』平安博物館，1975。滋賀県立近江風土記の丘資料館『近江の縄文時代』1984，に仏性寺遺跡出土の一部の土器が掲載されている。工藤俊樹・木下哲夫ほか『右近次郎遺跡Ⅱ』大野市教育委員会，1985。和歌山県立紀伊風土記の丘資料館『特別展　紀伊国縄文式時代の生活と文化』1974

8) 第二阪和国道内遺跡調査会『池上・四ツ池遺跡』16・17，1971

9) 小都　隆『洗谷貝塚』福山市教育委員会，1976。島遺跡は註6）文献。鳥取県教育文化財団『布勢遺跡発掘調査報告書』1981。渡辺　誠編『京都府長岡京市下海印寺遺跡範囲確認調査報告書』長岡京市教育委員会，1982。松田真一『広瀬遺跡発掘調査概報』奈良県立橿原考古学研究所，1982。小島俊次「布留遺跡」『奈良県史蹟名勝天然記念物調査抄報』所収，1958。植田法彦・前田敬彦『亀川遺跡Ⅴ』海南市教育委員会，1985。仁科　章・工藤俊樹『三室遺跡Ⅱ』勝山市教育委員会，1983。右近次郎遺跡は註7）文献

10) 中村友博ほか『縄手遺跡2』東大阪市遺跡保護調査会，1976

11) 中村徹也ほか『京都大学理学部ノートバイオトロン実験装置室新営工事に伴う埋蔵文化財発掘調査の概要』1971

12) 鈴木徳雄『関東西部における縄文後期前半の土器様相』東海大学文化部連合会考古学研究会発表要旨，1984

# 文様系統論—称名寺式土器———

—深鉢形土器を中心に—

日本考古学研究所
柿沼修平・田川　良
（かきぬま・しゅうへい）（たがわ・りょう）

後期初頭の称名寺式土器はⅠ式とⅡ式に大別され，基本的にＪ
字状文，渦巻状文，そして銛状文などによって特色づけられる

## 1　研究の動向

　1960 年，神奈川県 横浜市称名寺貝塚の調査報告[1]を契機として，関東地方後期縄文土器編年の初頭に称名寺土器が加えられた。報告者である吉田格氏によれば，数地点からなる貝塚のうち，Ａ貝塚出土の土器を第一群，南側に位置するＢ貝塚出土の土器を第二群とし，それぞれの特徴が指摘された。以後，館山市鉈切洞窟出土の土器[2]との対比から，第一群をⅠ式，第二群をⅡ式と捉えるようになっていった。しかしながら，その後，まとまった資料を遺構 から 検出 することが 少なく，称名寺貝塚，鉈切洞窟に代表されるように，本期を漁撈文化の担い手との関係で理解することが多くみられた。

　やがて 1970 年前後から，再び称名寺式土器は，その系統・系譜が注目を浴びるようになる。なかでも，今村啓爾[3]，青木秀雄氏[4]らの研究は，以後の研究動向に 重要な 示唆を与えている。とくに，今村氏の総合された土器論の展開は，称名寺式土器の理解として定着しつつあるのが現状である。氏は本土器をⅠ式ａ類〜ｃ類，そしてⅡ式と分類された。Ⅰ式ａ類は，西日本を中心とする中津Ⅰ式と呼ぶ土器の影響下にある土器，Ⅰ式ｂ類を，加曽利ＥⅣ式土器の系統を引く土器から色濃く影響を受ける土器，そしてⅠ式ｃ類を，主としてこのⅠ式ｂ類から変遷した土器とした。しかし，愛知県林ノ峰貝塚出土の土器を検討された山下勝年氏[5]によれば，今村氏が便宜的に中津Ⅰ式に先行する平式と呼称する同貝塚Ｇ層出土の土器は，中津Ⅰ式とする土器と混在し，両者は"同一型式内の異なる要素"であると述べられている。このことは，称名寺式土器出現にも重要な視点である西日本地域における後期初頭の土器把握にとって重要な提起であり，今後の動向が注目される。現在においては，筆者らにとって，細部の理解がやや異なるにしても，称名寺式土器分類は，今村氏とほ
ぼ同様な理解にある。

## 2　称名寺式土器の文様

　次に，称名寺式土器の表象する文様について述べてみたい。検討にあたっては，資料的に恵まれている 深鉢形土器が中心 となる。他に，縄文のみ，条線のみ，無文の土器も存在するが，ここでの言及は省略する。

### Ⅰ式

　西日本に中心をもつ中津式土器と関連するとみられ，加曽利ＥⅣ式系統の土器に直接的な母体をもたない一群，および在地的色彩のより強い一群の土器を含めるものとする。前者をＡ類，後者をＢ類とし，さらにＢ類から派生する在地系土器の一群をＣ類とする。

　**Ａ類**　器形は，胴中央部が括れ，さほど大きくはない。加曽利ＥⅣ式系統の土器と比較すると，器厚もしまり，器面はていねいになでられ，または研磨されていることが目につく。文様は，半截竹管の背，ないしは先の丸い棒状工具により断面半円状になるほどの深い沈線で区画され，こまかい縄文が充塡される。施文は，口縁部，胴部にみられる。口縁部の文様施文には，単に口縁部下に一周する沈線区画帯内に縄文を充塡するもの，口縁部を無文とするものの口唇部に向かって凸状の抉り込み区画帯をいくつかもつもの，そして口縁部下に横長の窓枠状の無文帯をもつものがある。胴部は下半部も沈線区画帯によって区画され，Ｊ字状文が施文 される。配置されるＪ字状文間には，銛状文，紡錘状の楕円文が施文されたりもする。この胴下半部沈線区画帯には，所々小さなＪ字状文，渦巻状の小沈線区画が垂下されもする。

　Ａ類は，称名寺貝塚，東京都圦上遺跡[6]，同大蔵遺跡[7]をはじめとして，南関東地方に分布し，一定の拡がりを有している。同様な系統の土器は，長野県くまのかわ遺跡[8]，さらに，遠く福井県右近次郎遺跡[9]にも知ることができる（図1〜4）。

**59**

**B類**　A類にみられた口縁部における沈線区画帯は，無文化し，その下位に横位沈線区画が施文される。加曽利EⅣ式土器系統にみられた口縁部無文帯と同様なあり方を示す。胴部の文様帯は，上下2段にわたってJ字状文，渦巻状文が操り返し施文されるなどし，加えてA類にみられたように，銛状文などを配する例もみられる。明らかに，ここでも文様の割り付けは，口縁部下，胴部に沈線区画帯（明確さを欠いてくるが）を持ち，A類同様な区画割りを示している。埼玉県志久遺跡[10]の例のように，沈線区画内から縄文充塡を外側に反転するなど，下村克彦氏が指摘[11]するような"ネガ""ポジ"の表出効果がみられる。また，沈線のみでJ字状文ないしは渦巻状文を施す例もみられる。こうした多様性への萌芽は，まさに次のC類への胎動と目される。実際，A類からの影響が窺われるものもあれば，加曽利EⅣ式土器の系統の上に生成するものもあり，その動態は，単純ではなく，複雑である（図5～8）。

**C類**　本類は，B類にみられる多様性をうけて，複雑な文様をみせる。A類，B類にあった口縁部下，胴部下の沈線区画帯は消失し，J字状文，渦巻状文の間に配された銛状文などが強調され，両者連続して横へ展開される。そして，縄文充塡の施文反転をうけ，J字状文，渦巻状文，銛状文の無文化が表出される土器の存在も知られる。横への連続展開は，それぞれの連結のしかたにより種々の文様構成を生成することになる。銛状文，渦巻状文の連結の場合は，必ずしも充塡施文における個々の交互性を表出してはいない。北関東地方への拡散は，この多様性と相挨って複雑性を増しているが，基本的には，施文反転と連続性を基本とするものであろう。

なによりも，文様施文において，胴下半部における流離的なあり方は，在地的な施文であるとの指摘もある。C類に至っては，区画沈線も細くなるものもみられ，A類，B類にみられた土器の流麗さも失なわれつつある。器形についても，胴部の括れの強いもの，長胴化するものなどが現われてくる。縄文充塡から列点充塡の採用もみられてくる。このことは，とりもなおさずC類において，称名寺式土器の拡散化と共に，多様化する状況を示唆するにほかならないものと考えられる（図9～12）。

## Ⅱ式

Ⅰ式からの漸移的変化のなかで捉えられるⅡ式の成立は，巨視的見地からみれば，沈線区画に充塡される縄文が刺突，列点充塡に転換する一方で，沈線区画はより簡素化への方向性を有している。これは，Ⅰ式C類において複雑化した沈線区画が，しだいに基本的文様構成へと変換することによって，Ⅱ式の独自性が求められた結果であると考えられる。器形は，Ⅰ式C類にみられた胴部の括れの強いもの，あるいはこれまでの変化のなかでの括れの弱いものが存在する。このⅡ式において，Ⅰ式C類から直接的変化のなかで捉えられる一群をA類，より新しい要素を内包する一群をB類とする。

**A類**　Ⅰ式C類にみられる文様の多様性を受け継ぎながらも，省略化傾向が認められる。口縁部は無文であり，胴部沈線区画の上下二段化傾向も依然として認められる。引き続き，文様はJ字状文，銛状文，渦巻状文などによって埋められ，横位への連結，連続のなかで文様構成される。沈線区画はやはり下部開放で，Ⅰ式C類から引き継がれているものである。この沈線区画内に刺突が充塡されるのを特徴のひとつとすることは，先述した。この刺突も，円形竹管，円形刺突，楕円形刺突，あるいは半截竹管状工具，丸棒状工具などによる短沈線が表出されるといった差異が認められる。刺突は，沈線区画内に充塡されるのが一般的であるが，なかには沈線区画に関係なく刺突が施されるものがみられる。縄文充塡→刺突充塡への転換については，種々指摘されているところであるが，越後地方の三十稲場式土器の影響は無視できないものであろう。しばしば，本類に伴って出土する例がある。かつ在地的要素としてある加曽利EⅣ式土器系統のなかの刺突文も，また無関係ではないと考えている。加えて，刺突充塡ではなく，条線充塡がなされている土器の存在も指摘することができるが，他類型における文様施文要素との融合化とも考える。

A類は，称名寺貝塚，鉈切洞窟をはじめとして，埼玉県大古里遺跡[12]，千葉県江戸川台第Ⅰ遺跡[13]など，関東地方一円はもとより，より広い地域への拡散現象を示している。北は，東北地方南部，綱取Ⅰ式との共伴例も知られるほどである（図13～16）。

**B類**　器形はA類と大差ない。特徴的に捉えら

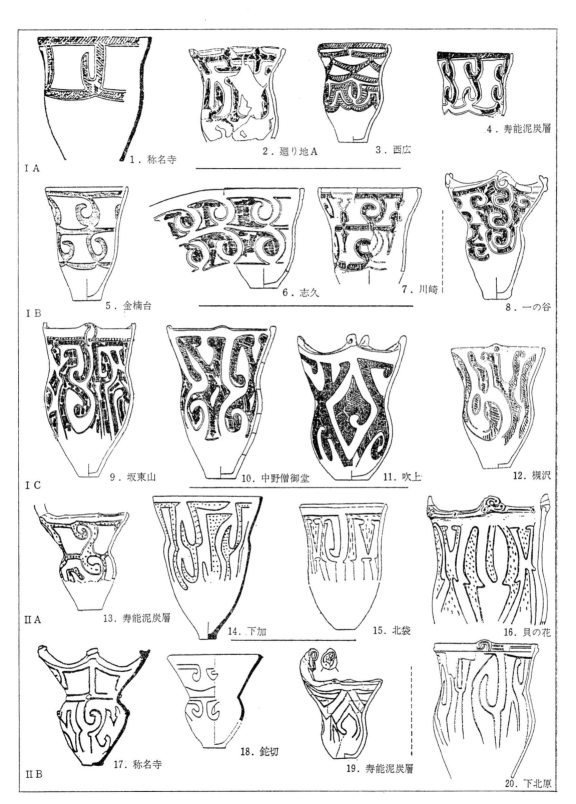

称名寺式土器の文様の変遷

れるのは，刺突充塡が沈線区画帯の中に施されていたものが消滅化傾向にあり，沈線区画文のみが施文されるものである。この沈線区画文は，称名寺式土器全般を通じて引き継がれているＪ字状文，渦巻文，銛状文の流れをくむ文様構成を基本とする。さらに，Ａ類から引き継がれてきた口唇部の内折化傾向は，依然続き展開している。また，前段階から使用されているＣ字状貼付文も認められ，多様化する傾向をみせる。このように，より新しい要素の萌芽，定着化が促進されてくるのであるが，このＢ類が次期堀之内期へと単純につながるとは考えられない。それは，このＢ類が地域的分布も含めて，複雑な動態を呈していると考えられるからであり，今後は，より詳細な類型の変遷分析が必要となるであろう（図17〜20）。

## 3 ま と め

称名寺式土器様式は，Ⅰ式，Ⅱ式の大別のなかで，さらにⅠ式Ａ〜Ｃ類，Ⅱ式Ａ，Ｂ類に細分されるが，Ｊ字状文，渦巻状文，そして銛状文などによって特色づけられている。とくにⅠ式Ｃ類において顕著化するこれらの文様要素の連結のしかた，そして充塡施文の反転が多くの類型変化を生んでいる。あるいは，それぞれ文様要素の強調のおき方によって表現効果にも差異がみられる。また，文様の操り返し間にも沈線区画を挿入するなど変化に多様性が認められる。Ⅱ式では，これまでの複雑化傾向にあった文様が，しだいに整理され，Ｊ字状文，渦巻状文，そして銛状文などを基本的構成としながら簡素化を辿るのである。

縄文時代社会が連綿と続く共同体組織をうけて，周辺地域からの影響を享受しながらも，一方で伝統性を保持していったこともまた事実である。こうした社会のなかで，称名寺式土器様式は，Ⅰ式Ａ類，Ｂ類の文様要素をうけて，Ⅰ式Ｃ類において拡散化，在地化傾向を示し，そして刺突文の採用という変遷を辿るのである。

### 註
1) 吉田　格『横浜市称名寺貝塚』東京都武蔵野郷土館調査報告書 1，武蔵野文化協会，1960
2) 金子浩昌ほか『館山鉈切洞窟』千葉県教育委員会，1958
3) 今村啓爾「称名寺式土器の研究（上）（下）」考古学雑誌，63−1，2，1977

4) 青木秀雄「称名寺式土器の再検討」埼玉考古，16，1977
5) 山下勝年ほか『林ノ峰貝塚Ⅰ』南知多文化財調査報告書 5，南知多町教育委員会，1983
6) 能登　健『狛江市圦上遺跡』東京都教育委員会，1973
7) 栗原文蔵「大蔵遺跡」新修世田谷区史付編，1964
8) 直井雅尚ほか『松本市笹賀くまのかわ遺跡』松本市文化財調査報告 24，松本市教育委員会，1982
9) 木下哲夫ほか『右近次郎遺跡Ⅱ』大野市文化財調査報告書 3，大野市教育委員会，1985
10) 笹森健一ほか『志久遺跡』埼玉県遺跡調査会報告書31，埼玉県遺跡調査会，1976
11) 下村克彦「称名寺式土器の意匠二態」埼玉考古，11，1973
12) 青木義脩ほか『大古里遺跡発掘調査報告書』浦和市大古里遺跡調査会，1976
13) 中山吉秀ほか『江戸川台第Ⅰ遺跡』江戸川台第Ⅰ遺跡調査会，1981

なお，本文図版中に使用した実測図に関しては，上記文献の一部および以下の文献から採録させていただいた。ご諒承いただきたい。

1) 柳田敏司 ほか『下加遺跡』大宮市教育委員会，1965
2) 八幡一郎ほか『貝の花貝塚』松戸市文化財調査報告書 4，松戸市教育委員会，1973
3) 谷井　彪ほか『坂東山』埼玉県遺跡発掘調査報告書 2，埼玉県教育委員会，1973
4) 沼沢　豊『松戸市金楠台遺跡』房総考古資料刊行会，1974
5) 下村克彦「大宮市北袋出土の称名寺式土器」埼玉考古，12，1974
6) 折原　繁ほか『千葉市中野僧御堂遺跡』千葉県文化財センター，1976
7) 鈴木保彦『下北原遺跡』神奈川県埋蔵文化財調査報告 14，神奈川県教育委員会，1977
8) 滝口宏ほか『西広貝塚』市原市教育委員会，1977
9) 茨城県史編集委員会『茨城県史料一考古資料編（先土器・縄文時代）』茨城県，1977
10) 栃木県教育委員会『槻沢遺跡』1980
11) 瓦吹　堅ほか『竜ケ崎ニュータウン内埋蔵文化財調査報告書 7 一廻り地Ａ遺跡（下）一』茨城県教育財団文化財調査報告ⅩⅤ，1982
12) 早川智明ほか『寿能泥炭層遺跡発掘調査報告書一人工遺物・総括編』埼玉県教育委員会，1984
13) 川名広文ほか『一の谷西貝塚』一の谷遺跡調査会，1984
14) 笹森健一『川崎遺跡一埋蔵文化財の調査（Ⅶ）』郷土史料 31，上福岡市教育委員会，1985

# 施文原体の変遷―羽状縄文系土器―
## ―花積下層式～関山式土器―

大宮市立博物館
**下村克彦**
（しもむら・かつひこ）

> 関山式土器における施文具の多様さは，縄文土器の中でも特異である。詳細な施文具の変遷は，編年の重要な指標となる

　縄文土器の名称を文字通りに体現しているのが，前期前半の羽状縄文系土器群である。ことに関山式は，＜附加条の大木式＞＜絡条体の円筒下層式＞に対し≪縄の関山式≫であり，実にさまざまな縄を編みだしている。さらに貝殻，篦，半截竹管，櫛，串が加わって，施文具の多様さは縄文土器中群を抜いている。文様の見掛けの多彩さは，施文具が多様であることに加え，施文技法が多様であることによって増幅されているのである。「編年の方法」という型式の示差的特徴として施文原体をとらえようとするとき，原体自体の復原とともに，＜押捺方法＞＜回転方法＞それに＜量＞や＜文様の組合わせ＞＜施文部位＞なども一連のものとして分析することとなる。以下，代表的な施文具と文様について概述する。

　土器型式の細分は未だ定まってはいない。花積下層式は，安定した内容を示す遺構に恵まれず不確定要素が多いし，二ツ木式・関山式については，間断なく連続するがゆえに異論がある。黒坂禎二の段階分けに私見を加え時間軸とした。

　なお，無文および擦痕文土器，下吉井式，打越式，木島式，草山式，有尾式，黒浜式は除外した。

## 1　貝　殻

　貝殻により条痕文，背圧痕文，腹縁文を施文する。普通にはハイガイを用い，腹縁文にはハイガイ以外も使用する。

### （1）条痕文

　貝殻の背側の縁を土器面に当て，引き摺ることにより施文する。普通は内外面に施文する。端正な施文もあるし，乱雑な施文もある。菊名段階に文様的な施文例があるものの，文様的変化は少ない。むしろ胎土と焼成による質感が早期より雑であること。出土量の占める割合が徐々に減少して行くことに変化の表徴がある。花積7住（＝花積貝塚第7住居跡，以下同様に略す）段階で全体の40％近くあり，新田野段階では数％である。

### （2）背圧痕文

　貝殻の中央部位を中心に押捺する。放射肋方向を横位や斜位に統一した疑縄文施文と，統一性のない施文がある。深東（深作東部遺跡群の略）D5住段階まで多く，貝崎B23住段階では少なく，関山1住～井沼方2住段階では稀な存在である。殻頂部を押捺する例は稀で，貝崎B23住段階までである。

### （3）腹縁文

　花積7住～貝崎B23住段階はハイガイにより，貝崎B23住～井沼方2住段階はその他の貝（放射肋が突出していない二枚貝）による施文となる。

## 2　篦　状　具

　竹を薄く剝ぎ，先端を切出し状にした施文具。引いて沈線やキザミ，押引きしたり突いて刺突文・刺切文を施文する。梯子状沈線など口縁部主幹文様を沈線で描くのは深東D5住段階に出現し，貝崎B23住段階で多用され，関山1住段階で激減する。口縁部鋸歯状集合沈線文は菊名～深東D5住段階まで連続する。

## 3　半（多）截竹管

　管状の材を縦割りした施文具。内側を引いて平行沈線文，横断面を刺突して爪形文，回転して円形竹管文，支点を変えながら半回転してコンパス文，背側を引いて沈線文，彫刻刀のように突き押して沈刻文を施文する。

### （1）平行沈線文

　菊名段階に出現し，貝崎23住段階までは稀な存在である。口縁部主幹文様を篦に変わって施文する関山1住段階から多用する。関山1住段階では篦描き沈線を模すためか，管の内皮を施文しない平行沈線文が多く，貝崎B3住段階から多截竹管による管内痕を残した平行沈線文が多くなる。

（2）　爪形文

断面を截断したままの肉厚な状態で施文すると
きと，管の内側を削りとり皮のみにして施文する
ときがある。菊名～井沼方2住段階で用いる。胴
最下段に不規則に施文した例から始まり，器全面
もしくは上半分を爪形文で占める例，口縁部文様
帯の1種として1列，口縁端部に沿って施文する
例，梯子状沈線の キザミ として 施文する例があ
る。

（3）　円形竹管文

花積7住段階に出現し，井沼方2住段階まで全
段階に存在する。重要な意味を持つのは，撚糸圧
痕文との 組合わせである。 野中段階の 指標とな
り，単帯化して新田野段階の指標となる。

（4）　コンパス文

A真正の施文，B多少上下運動を加えた施文，
C崩れた波状の施文と3態がある。A は深東D5
住段階に口縁部文様の充塡文様として出現し，貝
崎B3住段階で盛行し，貝崎A8住段階で激減す
る。BとCは深東D5住段階以降常に少量存在す
る。胴部のタガ状施文の出現と櫛への変化が重要
である。

## 4　棒　状　具

先端が角状と丸状を呈した棒状具。突いて刺突
文，引いて沈線文を施文する。

角頭棒状具による刺突文は新田野段階にある。
口縁部文様を沈線文で描くものは，新田野段階と
貝崎A8住段階にある。

丸棒状施文具は半截竹管の背を使用しているの
かもしれない。口縁部主幹文様を沈線で描くもの
の一部が，丸棒状施文具に置換される。貝崎B23
住段階に多く，関山1住段階で激減する。

## 5　串　状　具

先端の尖った施文具。瘤状貼付文の上に刺突す
る。貝崎B23住段階～貝崎A8住段階にある。

## 6　櫛歯状具

櫛歯状の施文具で歯は3～7本である。歯の先
端は角頭状を呈する。コンパス文，疑似結節文，
回転文，鋸歯状文がある。コンパス文は半截竹管
によるコンパス文と同様A～Cの3態がある。貝
崎B3住段階で櫛状具が出現し，貝崎A8住段階
で半截竹管によるコンパス文にとってかわる。コ

ンパス文Aにおける竹管と櫛の比率は，貝崎 B3
住段階と A8住段階とを分ける指標となる。

貝崎 A8住段階に 横8字状 に 施文した例があ
る。

井沼方2住段階ではコンパス文の 99％ は櫛歯
状具による施文となり，副文様帯的な鋸歯状文も
櫛歯状具による施文となる。

## 7　縄

縄文原体の数は，分類の仕方によって大差が生
ずる。花積下層式から関山式にかけて何種類の縄
が使われているか，およその数（0段多条は種類と
せず，同一撚りの左撚りと右の撚りは各1種とする）を
みると無節6種，結束2種，結節6種，束1種，
単節9種，環付4種，複節4種，複々節2種，異
段2種，異節4種，正反の合6種，組紐8種，附
加条 26 種，絡条体2種の合計 82 種である。

同様に型式・段階別にみると花積下層式花積7
住段階6種，菊名段階8種，野中段階 10 種，二
ツ木式新田野段階 12 種，深東 D5 住段階 22 種，
貝崎 B23 住段階 25 種，関山式関山1住段階 40
種，貝崎 B3 住段階 24 種，貝崎 A8 住段階 27
種，貝崎 A9 住段階 20 種，井沼方2住段階 30
種である。

正撚の無節と単節だけから始まり，多条と反の
技法を生み，結節を生み，環付を生み，正反の合
を生むに至って関山1住段階という華が咲くので
ある。関山1住段階では，複々節という最高段の
縄や，直前段合撚りBという最も複雑な縄を含む
およそ 40 種の原体がある。＜縄の関山＞の面目
躍如である。

（1）　0段多条について

0段多条は0段3条が普通である。0段6条ま
で確認している。0段3条の多くは附加条技法に
よっている。3条のうち1条が細い撚糸を使うの
は，節の変化を求めるとともに，附加する縄が脹
らまないようにする配慮である。0段が4条とか
6条の偶数多条は，途中に反撚りが入っている。
製作技法が異なり，施文効果も違うとなれば0段
条数が異なっていれば別種とすべきであるが，本
稿では反撚り以外は数えない。複雑な縄は判定し
にくいが，正反の合や組紐にも0段多条がある。
花積7住段階から貝崎 A9 住段階まですべての縄
文で0段多条が圧倒的に多いのである。

一段階とするには，遺構からの総出土点数が乏

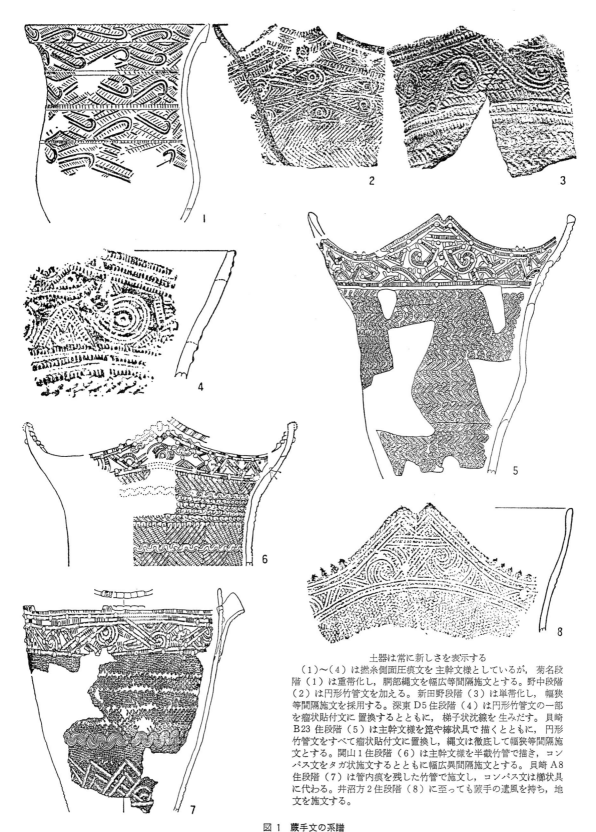

土器は常に新しさを表示する

（1）～（4）は撚糸側面圧痕文を主幹文様としているが，菊名段階（1）は重帯化し，胴部縄文を幅広等間隔施文とする。野中段階（2）は円形竹管文を加える。新田野段階（3）は単帯化し，幅狭等間隔施文を採用する。深東D5住段階（4）は円形竹管文の一部を瘤状貼付文に置換するとともに，梯子状沈線を生みだす。貝崎B23住段階（5）は主幹文様を箆や棒状具で描くとともに，円形竹管文をすべて瘤状貼付文に置換し，縄文は徹底して幅狭等間隔施文とする。関山1住段階（6）は主幹文様を半截竹管で描き，コンパス文をタガ状施文するとともに幅広異間隔施文とする。貝崎A8住段階（7）は管内痕を残した竹管で施文し，コンパス文は櫛状具に代わる。井沼方2住段階（8）に至っても蕨手の遺風を持ち，地文を施文する。

図1 蕨手文の系譜
1：黒川東遺跡 2：菊名貝塚 3：新田野貝塚 4：氷川遺跡 5・7：貝崎貝塚 6：関山貝塚 8：幸田貝塚

表　段階別縄文原体種別一覧（一部施文法を含む）　　　　○はあり。rとlはR撚り，

| 型式名 | 細別 | 段階名 | 無節 正撚り | 無節 直前段反撚り | 無節 直前段半反撚り | 側面圧痕 直線のみ | 側面圧痕 渦巻き状 | 側面圧痕 蕨手状 | 側面圧痕 その他 | 結束 一種・無節・羽状 | 結束 一種・単節・羽状 | 結節 8の字結び | 結節 ひとえ結び | 結節 ふたえ結び | 結節 その他の結節 | 束 | 単節 正撚り | 単節 直前段反撚り | 単節 直前段多条 | 単節 前々段反撚り | 組単節 | 縄文条痕 | 縄文縄文 | 斜位回転 | 縦位回転 | 環付 末端環付 | 環付 側面環付 | 環付 多段施文 | 環付 長足施文 | 環付 斜方向施文 |
|---|---|---|---|---|---|---|---|---|---|---|---|---|---|---|---|---|---|---|---|---|---|---|---|---|---|---|---|---|---|---|
| 花積下層式 | I | 花積7住段階 | lr | lr | | ○ | ○ | | | | | | | | | | lr | | | | | ○ | ○ | ○ | | | | | | |
| | II | 菊名段階 | lr | lr | | | | ○ | | | | | | | | | lr | | | | | | | | | | | | | |
| | III | 野中段階 | lr | lr | | | | ○ | | | | | | | | | lr | | | | | | | | | | | | lr | |
| 二ツ木式 | I | 新田野段階 | | lr | | ○ | | ○ | | ○ | | ○ | ○ | ○ | ① | | lr | | | | | | | | | ○ | lr | l | | ○ |
| | I | 深東D5住段階 | lr | lr | r | ○ | | ○ | | ○ | ○ | ○ | ○ | ○ | ③ | | lr | | r | | | | | | | lr | r | | | ○ |
| | II | 貝崎B23住段階 | lr | l | | | | ○ | | ○ | | ○ | ○ | ○ | ③ | | lr | | lr | | | | | | | lr | | | | |
| 関山式 | I | 関山1住段階 | lr | lr | r | | | ○ | | ○ | | ○ | ○ | ○ | ① | | lr | | lr | | | | | | | lr | | ○ | ○ | ○ |
| | I | 貝崎B3住段階 | ○ | | r | | | | | ○ | | | | | | | lr | lr | | | | | | | | lr | | | | |
| | II | 貝崎A8住段階 | r | | | | | | | | | | | | | | lr | | r | lr | | | | | | lr | | | | |
| | II | 貝崎A9住段階 | | | lr | | | | | | | | | | | | lr | | | | | | | | | lr | | | | |
| | III | 井沼方2住段階 | l | l | l | | | | | | | | | | | | lr | r | l | r | ○ | | | | | lr | | ○ | ○ | ○ |

しいが，終末に0段2条が増える気配がある。

**（2）無　節**

　正撚り2種，直前段反撚り2種，意識的に完全に撚り戻さない直前段半反撚り2種がある。

　正撚りは少なく，直前段反撚りが多い。菊名段階で多用され，貝崎B23住段階以降は無節縄文自体が減少し稀な存在となる。また，貝崎A8住段階以降は羽状施文が減少し斜行施文が増加する。

**（3）撚糸側面圧痕**

　花積7住～深東D5住段階にある。1段の縄を使う点が，2段の縄を使う早期末や東北系土器と異なっている。撚りの異なる縄1～4本を使う。稀に同一撚りだけで押捺する例がある。早期末から続く横位の直線状に施文することから始まる。渦巻く側面圧痕を古様ととらえる向きもあるが，菊名段階まで残る。主流は蕨手圧痕であり，発達して重帯化させ，6段に及ぶ例がある。終末はまた直線に戻るものと単帯に戻るものとに分れる。また，細い糸状の圧痕が現われる。

**（4）結　束**

　結束一種の羽状縄文は新田野～貝崎B3住段階にある。2段の縄による結束が多く，1段の縄によるものは深東D5住段階で知られるのみである。二本取りの結束二種については次項目参照。

**（5）結　節**

　0段の縄は稀で，普通は1段の縄を半折するか撚りの異なる縄2本を用いる。＜ひとえ結び＞＜ふたえ結び＞＜8の字結び＞が多く，他は稀である。結束二種は＜ま結び＞である。末端の縄を

重ねて引出すと＜8の字結び＞と全く同一回転痕となる。二本取りの結束二種とされてきたものは，＜8の字結び＞による結節とする。結節全体を施文するときと，意識的に半分だけを施文するときがある。新田野～関山1住段階にある。

**（6）束**

　1段の縄4本以上を束ねている。深東D5住～関山1住段階にある。

**（7）単　節**

　正撚り2種，直前段多条2種，直前段反撚り2種，前々段反撚り2種がある。施文法による変化に縄文条痕，縄文縄文，斜位回転，縦位回転がある。

　縄文条痕は早期末から続いてくる。斜位回転による縦位縄文のものと斜行縄文とがある。花積7住段階で終わる。

　縄文縄文は花積7住段階にある。東北地方の影響であろう。偶産種である。

　施文技法で最も重要なのは黒板が指摘した横帯区画の構成である。菊名段階から野中段階までは施文幅2～4cmの幅広等間隔施文であり，新田野段階から貝崎23住段階は1.5～2cmの幅狭等間隔施文となり，関山1住段階以降は幅広異間隔施文となる。貝崎A9住段階では8cmにおよぶ施文が現われ，横帯区画崩壊の兆しとなる。

**（8）環　付**

　環は通常2段の縄に付けられ，1段の縄に付けられるのは稀である。新田野段階で発生し黒浜式最古段階まである。新田野段階から貝崎23住段階までは多段施文が多く，関山1住段階からは足

またはL撚り，または両方あり。④は4種類あり。

| 複節 | | | 複々節 | 異段 | 正反の合 | | | 異節 | | 附加条 | | | | 絡条体 | | 組紐 |
|---|---|---|---|---|---|---|---|---|---|---|---|---|---|---|---|---|
| 正撚り | 前々段反撚り | 組複節 | | | 直前段合撚りA | 直前段合撚りB | 直前段合撚りC | 前々段合撚り | 組異節 | 一種順巻き | 一種軸縄を跨ぐ | 二種逆巻き | 三種順逆両巻き | 単軸絡条体一類A | 単軸絡条体五類 | 組紐 |
| | | | | | | | | | | | | | | | ○ | |
| | | | | | | | | | | | | | | | ○ | |
| | | | | | | | | | | | | | | | ○ | |
| l | | | | l | | | | | | | | | | | | |
| l | | | | | lr | | | r | | ○ | | ④ | | | | |
| ○ | ○ | | lr | ① | lr | ○ | ○ | lr | | ④ | | ③ | ① | ○ | | |
| | | | ① | lr | | | | | | ③ | ① | ④ | ① | | | ③ |
| ○ | | ○ | | lr | | | lr | ⑥ | | ② | ② | | | | | ③ |
| ○ | | | | lr | | ○ | | ④ | | | ② | | | ② | | ④ |
| ○ | | | | lr | | | lr | ④ | | ① | ① | | | | | ⑧ |

の長いものも出てくる。側面に環を作出したものが最近2遺跡報告された（深東D5住，上野谷戸1住）。従来関東地方では知られなかった原体で，東北地方との対比する際の指標となる。

### （9）複節
　正撚り2種，前々段反撚り1種，組複節1種がある。正撚りは菊名～井沼方2住段階までである。

### （10）複々節
　関山1住段階にある。

### （11）異段
　関山1住段階と貝崎A8住段階で各1種ある。

### （12）正反の合
　直前段合撚りA2種，直前段合撚りB2種，直前段合撚りC2種がある。
　直前段合撚りAは，普通にある直前段のみ合に撚るもので，貝崎B23住段階から黒浜式まで続く。稀に2段製作時に結束1種とし，半折して合に撚るものが関山1住・貝崎A8住段階にある。また，2段製作時に閉端環付きのまま合に撚ったものが貝崎A9住段階にある。
　直前段合撚りBは，前々段も合撚りによるもので，関山1住段階にある。
　直前段合撚りCは，反に撚る方だけが前々段も反撚りで，関山1住～貝崎A8住段階までである。

### （13）異節
　前々段合撚り2種，組異節2種がある。前々段合撚りによる異節は，関山1住～井沼方2住段階まであり，貝崎A8住段階から組異節が出てくる。異節は貝崎A9住段階以降に盛行し，井沼方2住段階で，出土した700片弱の29%を占める

住居址の例がある。ほとんどが組異節となる。

### （14）附加条
　附加条は一種順巻きで14種，二種逆巻きで9種，三種順逆両巻きで4種ある。従来は巻き方で分類してきた。実際には附加する縄，附加する本数，巻方，軸縄の4要素を組合わせて細別しなければならない。軸縄と附加する縄は2段がほとんどで1段は稀である。附加する本数は1本が多く2本は少ない。3本は偶産種である。一種順巻きにおける附加する条数は1条が多く2条は少ない。附加条縄文は貝崎B23住段階に出現し，井沼方2住段階で多用され，黒浜式に継がれていく。

### （15）単軸絡条体
　単軸絡条体5類と1類Aが各1種ある。5類は網目条撚糸文である。菊名～新田野段階にある。1類Aは木目状撚糸文である。横位に施文する。関山1住段階にある。

### （16）組紐
　LLRR，RRLL，LLLL，RRRR，RLRL，RLRR，llLL，rrll の8種がある。貝崎B3住段階から出はじめ総量の1%未満であったものが，井沼方2住段階で盛行し，60%近くを占めるようになる。8種のうちLLRR，RRLLの2種で組紐の95%前後を占める。この2種は遺構によって出土比率が異なることがある。
　胴最下段の横帯区画として出現した組紐が器面全面に施文されるに及び，伝統ある横帯区画と羽状縄文は完全に崩壊する。
　組紐技法の組違いによる組単節，組複節，組異節がある。縄文に対する繊細な感覚が失われたことが明瞭である。

## 8　おわりに
　≪施文原体の変遷による編年≫としては効力のない文様もあるが，詳細な観察が必要である。変化の仕方は＜置換＞＜加飾＞＜手抜き＞＜反転＞と一様ではない。口縁部文様の内，蕨手文の系譜を辿り，施文具と施文効果が刻々と変化していく様を図に示す。円形竹管文のように，小さな文様が極めて重要な弁別指標となる一例でもある。

　引用文献は割愛した。乞寛恕。最近では最も稔り多い次の一書のみ掲げる。黒坂禎二ほか『深作東部遺跡群』大宮市遺跡調査会報告10，1984

# 施文原体の変遷—円筒土器——————

## —円筒土器下層式の施文と原体—

埼玉県教育委員会
■ **石 岡 憲 雄**
（いしおか・のりお）

円筒土器下層式の文様は口辺部にまず出現し，次型式で胴部に使
用されるなど，原体の種別と使用部位によって分別が可能である

東北地方北部 から 北海道西南部 の 地域に分布
し，縄文時代前期から中期なかばに至る間に編年
される円筒土器諸型式群は，器形の特徴にちなん
で名づけられたものであるが[1]，その大別と細別
を基礎づけたのは，縄文施文技法を解明する前夜
の山内清男であった[2]。これらのうち，下層式は
まさに縄文だけの世界と言えるほどであり，山内
の示した縄文[3]のほとんどを含んでいる。そして，
口辺部文様体と胴部文様帯に使用される原体は，
地域により，また各細別ごとに使用分けされてい
ることが知られる。本稿は円筒土器の施文原体に
ついて求められたものであるが，このうち下層式
について，その概略を記すことにする[4]。

## 1 各細別における施文原体

### （1） 下層式 a （図 2—1・2）

器高は口径の 1.2〜1.5 倍くらいまで，底径は
口径の半分ぐらいであり，胴部は直線的に立ち上
る単純なバケツ形が平均的なプロポーションであ
る。口辺部文様帯は 3〜5cm 幅となっている。

口辺部文様帯に用いられる縄文は密に 3〜5 段
結節した縄の横位回転（S字状綾繰文）が圧倒的で
ある。原体は太いものが選択されており，深く施
文される。関山式に採用される2本の条を用いた
結節，2重結節の例は検出されていない。そのほ
か，縄を軸とした単軸絡条体第3類を横位回転施
文する例があるが，これは青森・津軽地域に限定
されるようである。

胴部施文はいわゆる斜行縄文であり，まれに単
軸絡条体第1類の縦位回転（通常の撚糸文），丸組紐
の横位回転（図1—12）が使用されている。斜行縄
文には2段単節，3段複節，直前段反撚単節（不
整撚戻し），段の違う縄の撚り合わせ（異段正反の
合）などが用いられているが，地域によって差が
あり，八戸地方では単節の使用が多く，津軽地域
では複節が多い。

また，直前段反撚は津軽地域に多く，同地域で

の3段複節の多用と比例することであろうが，撚
糸文の軸に縄を用いる手法と合わせて考えると，
同様の原体を多用する直前型式たる深郷田式の名
残りと考えられる。このことは，後述する部分と
ともに，円筒土器の発生地ならびに主地域が津軽
地域であっただろうことを推測させる。

なお，斜行縄文系の原体は横位回転して斜位表
出とするのが主体であるが，斜位回転して縦位表
出する例も少なくない。縦位表出例は底径に対し
て器高比の高いもの，すなわち，より円筒形を呈
するものほど比率を高める傾向を示している。

### （2） 下層式 $b_1$ （図 2—3〜6）

器高は口径の2倍程度，底径は口径の 2/3 程度
が平均的であり，下層式 a に比べて円筒形の度が
強い。口辺部文様帯と胴部の区切りに太い隆帯を
用いるものが大半であり，ここから口辺部文様帯
を外反するものが多い。隆帯は1本と2本がある
が，1本が大部分であり，この上に指頭，竹管，
縄による刻目を加える。刻目を施さない例はまれ
である。

口辺部文様帯は5〜7cmに広がる。施文は結節
の横位回転が大半であるが，使用される原体は下
層式 a に比べて細く，かつ浅く施され，隆帯の下
位にまで施されるものもある。その他，単節・複
節の斜行縄文，単軸絡条体第1類がこれに次いで
使用される。複節・単節の使用頻度は下層式 a に
引き続き地域差を示している。

新たに出現するものとして八戸・下北地域では
木目状撚糸文がある。これには，巻き方向の異なる
単軸絡条体第1類を2本使用して施すものと，中
心部を条で巻き止めた単軸絡条体第1A類による
ものとがある[5]。前者は口辺部文様帯に主として
横位回転で使用され，後者は胴部に縦位回転で使
用されている。また単軸絡条体第5類（網目状撚
糸文A）もまれに使用される。

青森・津軽地域では縄を軸とした単軸絡条体第
3類の使用が増加し，新たに単軸絡条体第5類・

第6類・第6A類が出現するが，いずれも口辺部文様帯に横位回転での使用に限定されている。軸には縄を使用したものが多く，文様の間に軸が表われるものが多い。これは隆帯と口辺部外反に規制されていたためと考えられる。なお，青森・津軽地域での単軸絡条体1A類の使用例は検出されていない。

胴部に使用される原体については付加条が新たに見られる以外それほど変化はないが，縦走させる手法が増加している。なお，三宅徹也によれば八戸市東袋子南遺跡に多軸絡条体があるとされるが確認していない。

### （3）　下層式 $b_2$（図 2―7～13）

器型は2種に分けられる。ひとつは下層式 $b_1$ と同様に器高が口径の2倍，底径が口径の2/3程度のものである。他は器高が口径の1.2～1.5倍，底径が 2/3～1/2 程度のものであり，下層式aの器形に近い。いずれも隆帯をもつものはまれで，あっても細く低い。口辺部文様帯 との区画には2～3条の押圧縄文が主流 である。口辺部の外反は弱まり，直線的なものが主体となっている。これは後述するように，硬い軸を用いた絡条体系の横位回転施文と関係する現象と考えられる。

口辺部文様として使用される原体は2段・3段撚りの斜行縄文，直前段反撚り単節，付加条，結束第1種による羽状縄文，単軸絡条体第1類・第2類・第3類・第5類・第6類・第6A類，多軸絡条体，結節など最も変化に富む。このうち，これまでの主体であった結節は八戸地方を除いて検出されていない。絡条体系施文具は硬い軸を用いて整然とする。

このうち，最も多用されているのは，単軸絡条体第1類を横位回転施文した後に縦位に2本の縄を押捺して区切る例である。これは他の絡条体が硬軸を使用して整然と施文される例の増加と，さらに条間を狭めて密に巻かれるようになるのと同様の効果を求めたものと考えられる。

なお，多軸絡条体の口辺部使用例が青森・津軽地域の横内遺跡，浮橋遺跡，大平遺跡で各1点発見されているが，八戸・上北・下北地域では発見されていない。また結束第1種を用いた羽状縄文がここで初めて出現するが，その使用は青森・津軽地域だけであって，上下を交代して施文した菱形構成が特徴的である。また八戸地方での単軸絡条体6A類は検出されていない。

胴部は，斜行縄文系の縦位表出，単軸絡条体第1類の縦位表出が主体である。津軽地域ではこれに結束第1種を用いた羽状縄文の横位回転を1段または2段加える例と，多軸絡条体の縦位回転施文例がある。一方，南部地域では単軸絡条体第1類の縦位回転施文が主体であり，津軽地域ではまだ検出例のない中心を条で巻き止めた単軸絡条体第1A類，単軸絡条体第5類の網目状撚糸文の縦位回転施文がやや増加しているようである。

### （4）　下層式 c（図 2―14～20）

器形の比率は下層式 $b_2$ とほぼ同様であり，長胴を呈するものとやや深めのバケツ形を呈するものとがある。口辺部文様帯は $b_2$ と同様に幅広のものと，やや狭いものとの2者がある。長胴を呈するものは口辺部文様帯幅が広く，器高と口径の比が少ないものは文様帯幅が広い傾向を示し，口辺部と胴部文様との組合わせの特徴から新旧に分けられる可能性がある。

口辺部文様帯は撚縄単軸絡条体第1類の押捺施文で構成されるのが基本であり，幅広のものでは菱形・鋸歯状に構成される例が多い。菱形押捺構成は菱形羽状縄文から施文具を置換したものと考えられるが，文様帯幅の狭いものについて鋸歯文が増加し，さらに平行線に近いものが最多と変わる。幅広のものは縄の押捺が多く，狭いものでは絡条体の押捺が多い。なお，八戸方面の $b_2$ に残っていた結節アヤクリは消失する。

胴部文様は，八戸・上北・下北方面では結束第1種の羽状縄文が最も多く，単節斜行縄文と単軸絡条体第1類がこれに次ぐ。そして，これまで口辺部に横位に使用されていた単軸絡条体第6類・第6A類が縦位回転で使用され，単軸絡条体第4類，多軸絡条体が新たに採用されている。また単軸絡条体1A類は中心部を条で巻き止めたものから，軸の中心を通して巻き上げる手法へと変化している。なお，単軸絡条体第5類は全く検出されていない。

一方，青森・津軽地域では単軸絡条体系が第1類のみであり，これに多軸絡条体が少数加わる。南部地方と逆に縦位表出の斜縄文系が多用され，斜行表出はまれである。なお，結束第1種の羽状縄文は口辺部文様帯との境に1列だけ施されるのが大部分で，数列の例がこれに次ぐ。胴全体に及ぶのは全くまれな例となっている。

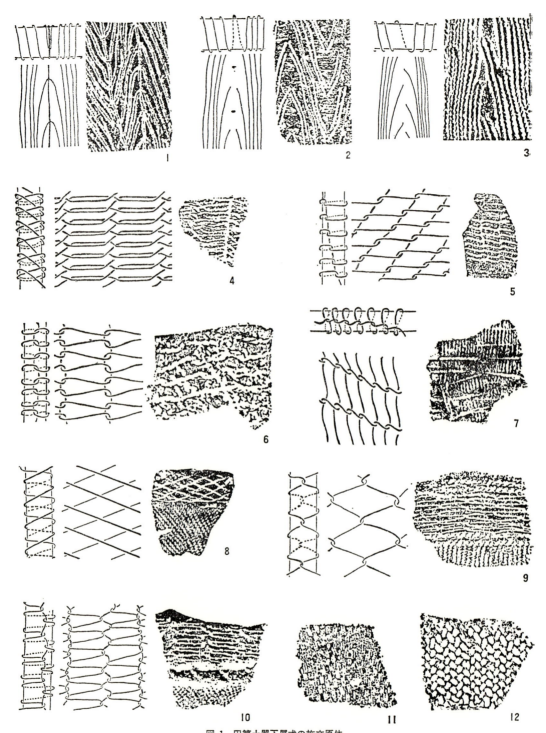

図 1 円筒土器下層式の施文原体
1~3：単軸絡条体第1A類　4：単軸絡条体第2類　5・6：単軸絡条体第3類　7：単軸絡条体第4類
8：単軸絡条体第5類　9：単軸絡条体第6類　10：単軸絡条体第6A類　11：多軸絡条体　12：組紐

（5）　下層式　$d_1$（図 2—21~23）

　器高は口径の 1.2~1.5 倍程度までで，極端に深い円筒形を呈するものはない。胴部は直線的に立ち上がるもの，やや膨らみをもつもの，口辺部に少しくびれをもち外反するものがある。いずれも口辺部文様帯の幅は狭く，3cm 以内である。

　口辺部文様帯は無文面上に撚縄を平行に押捺施文する例が多い。

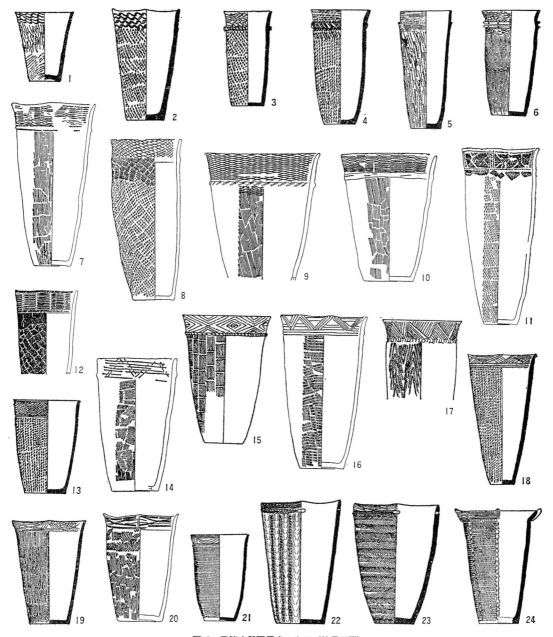

図2 円筒土器下層式の変遷（縮尺不同）
a(1・2)　b₁(3〜6)　b₂(7〜13)　c(14〜20)　d₁(21〜23)　d₂(24)
1・2・4・13：横内　3：寺の沢　5・6・21・22・24：石神　7〜12・14・16・20：大平　15・17：中居　18・19・23：玉清水

　胴部の施文は，縦位表出の斜行縄文系，結束羽状縄文の横位回転，単軸絡条体第1類・第1A類・第4類・第6A類・多軸絡条体の縦位回転などが採用されており，他はほとんど検出されていない。また地域によってかなり差が認められる。
　このうち単節，複節，撚戻しの斜行縄文系の使用は青森・津軽地域で比較的多用されているが，他の地域ではごく少ない。また単軸絡条体第4類は北海道西南部地域で多用されるが，青森県南部地域では極めてまれな例となっており，津軽地域では検出されていない。かわりに津軽地域では縦走斜行縄文と単軸絡条体第1類を縦走させ，この上に結束第1種の羽状縄文の結束部を間隔をあけながら横位施文して同様の効果を求めている。
　また羽状縄文で胴部全体を覆う施文例は南部地域に比較的多く見られるが，北海道・津軽地域で

71

は前述の使用法が多く，全体を覆う例は極めて少ない。

その他，注目されるのは青森・津軽地域で初めて単軸絡条体第1A類が使用されるようになることと，単軸絡条体第5類・第6類・第6A類の消失である。

なお，羽状縄文はこれまで結束第1種のみであったが，結束第2種も出現する。また羽状縄文の撚りには，付加条付や撚り戻し手法が目立つ。

### （6）下層式 $d_2$（図 2—24）

口辺部文様帯が再び広がりはじめ，頸部のくびれが強まり，小突起ないし波状を呈するものが多い。また，口辺部文様帯に隆起線を持つものが増える。

口辺文様部帯の施文には押捺手法を多用しており，施用される原体は1段・2段の撚り縄，単軸絡条体第1類・第5類である。

胴部の施文は多軸絡条体の縦位回転がもっとも多用され，結束を有する羽状縄文がこれに次ぎ，単軸絡条体第1A類も増えている。

羽状縄文は結束第1種，第2種の両者があり，前者が多い。いずれも付加条付き，戻りもどし手法を多用している。単軸絡条体第1類は減少し，スダレ状の文様構成も減少している。

## 2 おわりに

以上，円筒土器下層式の施文と原体について述べてきたが，その変遷は，新原体は口辺部文様帯としてまず出現し，次型式で胴部に使用される傾向を示すなど，原体の種別と使用部位によって分別が可能であることがわかるであろう。すなわち，下層式 a，$b_1$ は口辺部への結節回転施文で特徴づけられ，施文の深浅によってある程度識別が可能である。単軸絡条体の各類は津軽・青森地域では下層式 $b_1$，$b_2$ の口辺部にほぼ限定され，八戸・上北地域では下層式 c の胴部文様となる。結束羽状縄文は下層式 $b_2$ の後半になって出現し，胴部への使用は下層式 c 以降であり，付加条付，撚り戻しによる細密複雑なものは下層式 $d_1$ もしくは $d_2$ に限定できるなどである。

### 註

1) 長谷部言人「円筒土器文化」人類学雑誌，42—1，1927
2) 山内清男「関東北に於ける繊維土器」史前学雑誌，1—2，1929
3) 山内清男『日本先史土器の縄紋』先史考古学会，1979
4) 円筒土器下層式の細別については各氏により一致を見ていない部分がある（江坂輝彌ほか『石神遺跡』石神遺跡研究会，1970，村越潔『円筒土器文化』雄山閣，1974，鈴木克彦ほか『熊沢遺跡』青森県教育委員会，1978，三宅徹也「青森県における円筒下層式土器群の地域展開」北奥古代文化，6，1974ほか）。筆者は三宅案に賛同しているが，上層式については意見が異なる。
5) 笹津備洋「八戸市日計遺跡」史学，31—1，1960

**主な参考文献**

石岡憲雄「円筒土器下層式について」遮光器，9，1975

一町田工ほか『今別町山崎遺跡（1）（2）（3）発掘調査報告書』青森県教育委員会，1982

江坂輝彌「青森県女館貝塚発掘調査報告」石器時代，2，1955

江坂輝彌・笹津備洋・西村正衛「青森県蟹沢遺跡調査報告」石器時代，5，1958

大島直行ほか『知内町森越遺跡調査報告書』知内町教育委員会，1975

大湯卓二ほか『三内沢部遺跡発掘調査報告書』青森県教育委員会，1978

岡本勇編『縄文土器大成』1—早・前期，講談社，1982

可児通宏「縄文土器の技法」世界陶磁全集，1—日本原始，小学館，1979

工藤泰博ほか『大平遺跡発掘調査報告書』青森県教育委員会，1980

児玉作左衛門ほか『サイベ沢遺跡』市立函館博物館，1958

小林達雄『日本原始美術大系』1—縄文土器，講談社，1977

佐原真「縄文施文法入門」縄文土器大成，3—後期，1981

鈴木克彦ほか『中の平遺跡発掘調査報告書』青森県教育委員会，1975

芹沢長介『陶磁大系』1—縄文，平凡社，1975

坪井清足編『日本陶磁全集』1—縄文，中央公論社，1976

成田滋彦ほか『碇ヶ関大面遺跡発掘調査報告書』青森県教育委員会，1980

三宅徹也・石岡憲雄「青森県青森市横内遺跡（1）」遮光器，2，1969

三宅徹也・井上久「野木和遺跡調査報告書」青森市教育委員会，1970

村越潔「浮橋貝塚」『岩木山』所収，弘前市教育委員会，1967

山内清男・甲野勇・江坂輝彌編『日本原始美術』1—縄文式土器，講談社，1964

渡辺兼庸「黄金山遺跡」『岩木山』所収，1967

# 施文原体の変遷―東釧路式土器――

## ―原体と施文のあり方―

北海道埋蔵文化財センター

**大 沼 忠 春**
（おおぬま・ただはる）

縄文文様の多彩さでは日本有数の東釧路式土器は縄線文，短縄
文，撚糸文，絡条体圧痕文，疑似縄文，貼付文など豊富である

戦後，釧路市東釧路貝塚の調査が行なわれ，そこから出土した土器を東釧路式と呼ぶことが行なわれた。昭和 20 年代から 30 年代にかけてのことである[1]。現在では東釧路Ⅲ式と呼ばれる土器が主体であった。東釧路Ⅲ式と命名されたのは昭和 37 年のことである。ここでは，このⅢ式前後の数型式を東釧路式土器群としてとりあげることとしたい。この土器群には各種の文様が施されているが，とくに縄文による文様の多彩さでは日本でも有数のものと思われ，山内清男氏は，本州の草創期の土器群との関連で早くに注目され，縄文原体の解明にとり組まれている。

東釧路Ⅲ式の命名者である沢四郎氏（現，釧路博物館長）は，この種土器群の原体を解明することに困難を感ぜられたことから，筆者を山内氏のもとへ遣わされ，その解明を期待されたのであった。以来，20 年になるが，未だこの種土器群の原体のすべてについては解明するに至らない。

ここでは東釧路貝塚の資料に基づく東釧路Ⅱ・Ⅲ・Ⅳ式，およびその後，Ⅲ式，Ⅳ式の間に編年的に位置づけられたコッタロ式，中茶路式を含めて東釧路式系土器群とし，関連する若干の資料とあわせて，その原体と施文のあり方についての調査結果を簡単に解説することとしたい。なお，その前に，編年の序列について一言述べる。

## 1 東釧路式系土器群の編年について

近年，これらの土器群の編年について疑念が表明されてもいる[2]が，前提とした編年観が誤っていたのであって，早期後葉に位置づけられ，基本的な序列に変更はない。

昭和 33 年から行なわれた，東釧路貝塚の調査によって，層位的に，東釧路Ⅱ・Ⅲ・Ⅳ式が設定された[3]。筆者自身もその後の東釧路貝塚の調査に参加することができ，東釧路Ⅲ式とⅣ式との層位的出土状態などを確認することができた。

この東釧路Ⅱ～Ⅳ式の層位的な出土状態の認識は，それまでに設定されていた関連する土器群の認識を訂正，もしくは追認するものであった。函館市梁川町遺跡の調査では梁川町式（住吉町上層式）という型式が設定されていて，これは，現在では中茶路式と東釧路Ⅳ式を含めたものとみなされるが，これより新しく，第3群土器として東釧路Ⅲ式の類がほぼ縄文時代前期に属するものとして報告されていた[4]。これが逆に，梁川町式以前のものであることを確証したのである。また苫別遺跡の調査では，東釧路Ⅲ式，中茶路式が下層から出土し，上層から東釧路Ⅳ式の類が出土していた[5]。これは事実として受け入れられることとなった。

東釧路 Ⅲ・Ⅳ 式 の 設定後，白糠町中茶路遺跡で，東釧路Ⅳ式に近い特色をもちながらも，隆起線文が発達する，梁川町式の一部に相当する土器がまとまって出土した。これを東釧路Ⅳ式とは異なるものとして中茶路式とした。また，標茶町コッタロ遺跡から，東釧路Ⅲ式に似ているが，貼付帯がより細く，中茶路式と東釧路Ⅲ式との間に位置づけられそうな土器が出土し，これを東釧路Ⅲ式とは分離してコッタロ式と称することとしたのである[6]。釧路市大楽毛からはコッタロ式の特徴をもちながらも，より貼付帯の細い土器が出土していた[7]。

この コッタロ 式と中茶路式との 関係は，昭和 52 年に調査 された，苫小牧市美沢 2 遺跡で，重複する住居跡の切り合い関係によって確認され[8]，また似たようなコッタロ式が古く，中茶路式が新しいとする層位的な出土例は，乙部町オカシナイ遺跡でも確かめられた。

青森方面の土器との関係では道南地方から早稲田Ⅳ・Ⅴ類に類似のものが出土しているし，青森地方からも，東釧路Ⅲ式かコッタロ式，中茶路式，東釧路Ⅳ式に相当する土器が出土している[9]。これらの関係は，東釧路Ⅳ式と早稲田Ⅳ類が共存しそうであり，早稲田Ⅴ類は，東釧路Ⅳ式の末葉かその後に位置づけられそうである。早稲田Ⅳ類

に近いものとして，函館市西桔梗 $E_1$ 遺跡出土の資料が考えられていて，これには西桔梗式と命名されている[10]。この類例は松前町にもある[11,12]。

## 2 東釧路式系土器群の文様

東釧路式系土器群の文様には，縄文に単節，無節，異条，結束羽状縄文，結節の回転による綾絡文などがあり，縄線文と呼ばれる長い原体の押捺圧痕文，短縄文と呼ばれる短い圧痕文，縄端刺突文あるいは圧痕文，組紐圧痕文，撚糸文，絡条体圧痕文などがあり，ニシンの脊椎骨とみられる魚骨を押捺したり回転した疑似縄文もある[13]。このほか棒状や円形の貼付文，紐状の貼付文，隆起線文，微隆起線文，指頭圧痕文，棒状工具による刺突文，稀に沈線文，口縁直下の貫通孔列などがあり，また内外面に貝殻条痕文のあるものも注意されている。

### （1） 東釧路II式

これには，内面もしくは表面にも貝殻条痕による器面調整がなされている。極めて細い絡条体圧痕文を施すもの（第1類）と，LRの0段多条の原体の押捺による縄線文，この原体の横位回転と縦位回転などによる羽状縄文（第2類），さらに同様の LR と RL の原体による羽状縄文（第3類），この第3類の体部や底部の周辺に短縄文が加えられ，内面に細かい条痕のあるものを第4類としている。この短縄文には，原体を折り曲げた末端が若干ループ的になった部分の圧痕もある。また，この内，第2類に隆起帯の認められるものがある。さらに直前段合撚の0段多条の3段の撚り戻しのある原体による異条縄文の例も認められる。これらのII式の類例は少ない。

### （2） 東釧路III式

これには，同一原体による 羽状縄文（図1）と撚りの異なる2種の原体による羽状縄文とが認められるが，後者の方が多い。まれに結束のある羽状縄文の施されたものがある。縄線文や短縄文は盛んに使用され，組紐圧痕文，絡条体圧痕文も複合施文される。縄文は0段多条の原体によるものである。縄線文は同様の2段の原体によるもの（図2）のほか，0段多条の1段の L, R を併列させるものがある。組紐は0段の太い原体3本による平組紐が一般的であるが，稀に1段原体3本による平組紐（図3・4？）も存在する。絡条体圧痕文には，軸の断面が弧状をなすものと角ばるもの

とがあり，仮に前者を円形軸，後者を角形軸とすると角形のもの（図4・5）が多い。この角形のものには，革の紐のような断面が長方形をなす柔軟な軸によるのではないかとみられるものもある。また2軸のものもある。

東釧路III式には，口縁部から体部にかけて装飾の発達するものがある。これは，底部付近に羽状縄文を施し，体部に縄線文，短縄文，組紐圧痕文，絡条体圧痕文などで装飾文様を施すのであるが，多くは横位の縄線文の間に縦に短縄文を施すような，横に何段にも帯状に区切れる構成をもっているが，口縁の突起部から太い貼付帯を垂下させ，それを中心に鋸歯状を呈するような文様を構成するものがある。貼付帯上には指頭の圧痕，絡条体圧痕，縄線文と，組紐の圧痕を施す場合もある。また器面の所々に円形の貼付文や棒状の貼付文を配置するものがある。稀に棒状工具による刺突文の加えられるものもある。口唇上にも貼付帯上と同様の施文がなされ，口唇の断面が，逆三角形状に張り出す傾向がある。

### （3） コッタロ式

この縄文には羽状縄文が一般的であるが，斜行縄文のみのものもある。羽状縄文には結束のないもの（図6）とあるもの（図7）があり，結束羽状縄文が盛行する。結束のない羽状縄文の縄文帯の間に，縄端による刺突文を加えて結束羽状縄文にみせかけたようなものもある。また無節の縄文もしばしば認められる。初期には縄文のみのものが多い。縄文の原体は東釧路III式よりは細い。他の組紐や絡条体も同様に細いものが使用されている。これは東釧路III式に近い頃の原体が太く，中茶路式に近くなるにつれ，すなわち，時期が下るほど細くなる傾向があるらしい。この縄文を地文として，器面に横環する貼付帯を，口唇直下に1条めぐらすものや，器面に何段にもめぐらすものなどが認められ，その貼付帯上にも縄文原体などによる刻み目が施されたり，縄文が施されたりする。0段多条のものが一般的である。特殊な原体として1段Lを2段Lにした反撚の原体を使用するもの，また1段のRとLを2段RまたはLにした合撚の原体を使用するものもあるが稀である。また2段原体で，撚りが不均一なため1条おきの条が強く押捺されるか，それしか認められないものがある。縄線文は初期には存在するが少ない。短縄文は多用される。3本平組紐の圧痕は東釧路

東釧路式系土器群の縄文
1〜5：東釧路Ⅲ式　6〜9：コッタロ式　10〜12：中茶路式（古）　13・14：中茶路式（新）　15・16：東釧路Ⅳ式（古）　17〜23：東釧路Ⅳ式（新）　（縮尺不同）
<1・4・5，10〜12，17〜23：松前町建石遺跡[15]　2・6〜9：松前町棚石遺跡[16]　3・13〜16：松前町鬼沢B遺跡[16]>

Ⅲ式に近い比較的太い貼付帯をめぐらすものに多く認められる。

絡条体圧痕文は軸の角形のものが多用される。2軸のものは認められないようである。軸に1条巻きつけるもの（図8）のほかに，2条右巻と左巻にするもの（図9）がある。この2条を交叉させるものは，東釧路Ⅲ式にはほとんど認められないかのようである。沈線文は稀であるが，絡条体の軸の如き棒状工具で施したものかと思われる例がある[14]。稀に魚骨による施文も認められる。底部下端には短縄文の施されるものが多い。底部の形態は，東釧路Ⅲ式に近い頃のものは下端の強く張り出す傾向があるけれども，末期のものは直立気味となる。口縁が底径に比べて極端に大きく，体部にくびれをもち，不安定な深鉢形を呈する器形が認められる。体部上半に文様を構成するもの

75

があり，多くは鋸歯状の大がらな文様となる。

口唇に刻み目や縄文などを施すものも，東釧路III式に近いものには多いようである。口唇の断面形態は，角形もしくは円味をもつ。なお細い貼付帯にはチューブデコレーション技法によるとみられるものがある。

（4）　中茶路式

これは器面に横環する多数の隆起線を施す特徴をもち，隆起線の間には LR や RL の原体による縄文や短縄文，絡条体圧痕文，綾絡文などが施されている（図10〜12・14）。初期のものには結束羽状縄文を施すもの（図12）がある。隆起線はチューブデコレーションの技法によるものかと思われるが，隆起線の上から隆起線の間にかけて縄文や短縄文，絡条体圧痕文を施すものが古い頃のものとみられる（図10〜12）。コッタロ式の貼付帯上に縄文や刻み目を施す手法のなごりかと思われる。一般的なものは，隆起線上には施文されず，隆起線の間に整然と施される。絡条体の条には細いものが使用され（図10），2条交叉させるものは稀である。綾絡文の施されるものもよくみられる。器面に隆起線のないものや隆起線の代りに沈線を施すもの（図13）もみられる。

末期のものでは隆起線が細く，微隆起線となり，その間に，東釧路IV式の文様と同様の原体による一見撚糸文風のものがみられるようにもなる。中茶路式には体上半に文様を構成するものもあるが多くない。魚骨文もある。

器形は筒形に近いものや，やや口縁の広がる深鉢形が多い。底部の角は円味をもち，角ばるもの（図12）や，直立気味のものは古い頃に限られるらしい。口唇の断面は尖り気味となる。

（5）　東釧路 IV 式

口縁に数条幅の狭い微隆起線のあるものが稀に認められるが，一般的には隆起線はない。口縁部の山形隆起部に太い棒状隆起部を設けるものが稀に認められる。器面にはいわゆる撚糸文が認められるが，多くは山内氏が十王台式で注意した付加条の縄文に類する羽状の縄文（図15・16）が多い。これは2段の原体を不均一に撚り，他方に巻きつけるようにしたもので，本来の付加条とは異なるものとみられる（図15 模式図，図19 の口縁にはこの原体を押捺している）。普通の2段の原体による羽状縄文（図18）も認められる。また棒などを軸にする撚糸文（図17・20〜23）もある。2条ずつ

条の並列するものでは，同じ撚りのもの（図20）と異なる撚りのもの（図21〜23）とがある。絡条体圧痕文，縄線文，短縄文（図17〜20）も使用される。綾絡文（図15）は初期のものに多い。縄端刺突文や棒状工具による刺突文も認められる。口縁部や，体上半に文様帯を形成するものもある。底部は平底から円底風のものも認められる。口唇の断面は円味をもつ。

（6）　その他

西桔梗式には口縁に貼付帯をもつものがあり，内面に貝殻条痕や縄文を施す例がある。縄文は2段の原体1本で羽状縄文を施すものと，2本の原体で羽状縄文を施すものとがある。縄線文，短縄文，綾絡文の施されたものもあるが，縄文のみの土器が多い。口唇や平底の底面にも縄文を施す。東釧路式系では一般に底面に施文しない。

なおこの種の縄文のある尖底土器は東釧路IV式に伴っている。

最後に資料の調査に協力を戴いた久保泰氏，森宏樹氏，千代肇氏，日頃から援助を受けている同僚，学友諸氏に謝意を表するものである。

註
1)　例えば山内清男『日本先史土器の縄紋』1979
2)　名久井文明「北日本早期縄文式編年に関する一試考（II）」考古学雑誌，65−1，1979
3)　河野広道・沢　四郎『東釧路』1962
4)　大場利夫『函館市梁川町遺跡』1955
5)　扇谷正康「北海道日高国苫別遺跡について」上代文化，30，1960
6)　沢　四郎「道東における早期縄文土器の編年について」釧路史学，1，1969
7)　加藤晋平『釧路市大楽毛第 4 地点の発掘調査』1969
8)　北海道教育委員会『美沢川流域 の 遺跡群』II，1978
9)　註 1) などに同じ
10)　岡島　格「西桔梗　E₁ 遺跡 2 次調査」西桔梗，1974
11)　久保　泰『茂草B遺跡調査報告』1979
12)　久保　泰『松前町郷土資料館調査報告』1，1984
13)　大沼忠春「魚骨文の新例について」北海道考古学，21，1985
14)　森　宏樹『オカシ内・元和15遺跡』1980
15)　小柳正夫ほか『松前町建石・大尻内遺跡発掘報告』1975
16)　久保　泰ほか『鬼沢B遺跡・棚石遺跡調査報告』1978

# 施文原体の変遷—竹管文土器—

## —分類と展開—

東京都埋蔵文化財センター
■ **可児通宏**
（かに・みちひろ）

縄文土器の文様の中では縄文と並んで多用された竹管文は4
種に分類されるが，盛行したのは中期でそれを境に衰退する

竹管文は，円形中空の竹管様施文具によって施
文された文様の総称で，円形刺突文・爪形文・平
行沈線文などの名称で呼ばれる文様がある。縄文
土器の文様の中では縄文と並んで多用され，とく
に縄文は草創期後半と前期前半に，竹管文は前期
後半から中期にかけての時期にそれぞれ盛行し
た。いずれも施文具と施文方法に工夫を凝らして
異常なまでに多様な文様を発達させたが，対照的
なのは，文様の多様性を生み出す要因が，縄文の
場合には主として施文具にあったのに対して，竹
管文の場合には多分に施文方法にあったというこ
とである。そのためか，研究対象としての取り上げ
られ方もきわめて対照的である。縄文については
古くより大方の関心をあつめ，山内清男の研究成
果[1]に代表されるきわめて精緻な分析があるが，
竹管文については未だ断片的な分析[2]があるのみ
で，縄文時代全体を網羅した体系的な研究はほと
んど行なわれていない[3]。

## 1 施文原体と竹管文の分類

竹管文は円筒形の外形と中空の構造をもつ施文
原体，いわゆる"竹管"状の施文具[4]によって施
文された文様で，その文様の形態は，施文具とそ
れに加えられる施文手法（土器面にあてる角度と移
動方向・移動方法）とによって決まる。すなわち
＜施文効果＝施文具＋施文手法＞の関係であらわ
すことができる。

原体には大きくみて円形のままのものと，縦割
りしたものの2者があり，後者は縦割りされるこ
とによって弧の分割という変化を伴うが，これら
の原体はそのままで使用されるものと，さらに先
端部に加工を加えて使用されるものとに分けられ
る。図示したA〜Dが竹管文の基本的な原体の加
工と考えられるもので，Aは円形のままで先端部
が平坦なもの，BはAを縦割りしたもの，C・D
はBの先端を斜めに切断したもので，Cは内側か
ら外側に向けて，Dは外側から内側に向けて切断

したものである。竹管文の原体は以上の4種を基
本型にして，さらに円弧の分割の仕方，原体の太
さ，先端部の加工の細かな変化などが文様の形を
決める属性として加わる。

次に施文の方法（施文手法）についてみてみる
と，同一の施文具でも器面にあてる角度と移動の
仕方で形の異なる押捺痕（＝文様）の印されるこ
とがわかっている。施文具とともに施文法につい
ての検討が必要な所以であるが，器面に印された
押捺痕の計測から，施文具が器面に対して，1：90°
前後，2：60°〜70°，3：45°前後，4：20°〜30°，
5：10°〜15°の角度で印された文様のあることが
識別されている[5]。また，施文具の移動の仕方に
ついても，いちいち器面から離す方法（刺突），器
面にあてたまま動かす方法（押引き・引く）などの
方法がある。

以上により，竹管文は次のように分類される。

[A] 先端の平坦な円形竹管による文様。

$A_1$ 原体を器面に直角にあてて押捺したもの。押
捺痕は円形を呈する。麻生優の分類の「円形竹管
文」が相当する。草創期の円孔文土器，早期の田
戸下層式，前期の花積下層式・黒浜式・諸磯式に
は特徴的に使用されている（図4・5）が，中期以
降の使用例は稀である。

[B] 先端の平坦な縦割り竹管による文様。

$B_1$ 原体を器面に直角にあてて押捺したもの。押
捺痕は半截竹管では半円形を呈すが，多截された
竹管では，円弧のカーブはその截ち方の割合によ
って変化する。麻生の分類の「半截竹管文」以下
「多截竹管文」までが相当する。$A_1$ よりも使用例
は稀である。ただ，2つ向い合せて円形竹管文と
する例が稀にある。

$B_3$ 原体の外側を器面に向け，45°前後の角度で
あてて押捺したもの。

$B_4$ 原体の外側を器面に向け，20°〜30°の角度で
あてて押捺したもの。$B_3$・$B_4$ は佐原真の「外側
竹管文—爪形文D」が相当する。その押捺痕は $B_3$

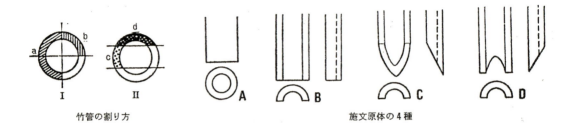

竹管の割り方　　　　　　施文原体の4種

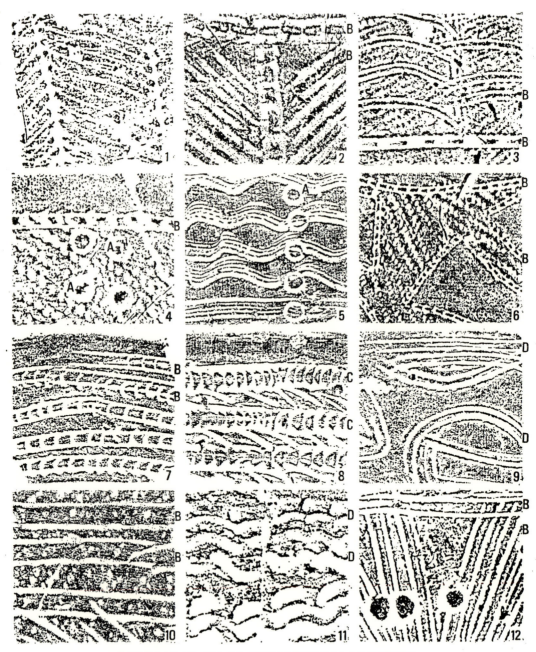

前期竹管文の施文例（1は2・3の肋骨文の原形と考えられる魚骨押捺文）

78

では弧が細い三ヶ月状を呈し，$B_4$では"D"字状を呈する。関西の前期北白川下層式の古い部分，関東の中期勝坂式に多用されるが，関東の前期には稀である。

$B_5$　原体の外側を器面に向け，$10°\sim15°$の角度であてて押捺したもの。押捺痕は沈線の底に"節"をつくるいわゆる結節沈線となる。関東の中期前半に多用される文様である[6]。

$B_3{}'$　原体の内側を器面に向け，$45°$前後の角度であてて押捺したもの。

$B_4{}'$　原体の内側を器面に向け，$20°\sim30°$の角度であてて押捺したもの。

$B_5{}'$　原体の内側を器面に向け，$10°\sim15°$の角度であてて押捺したもの。

$B_3{}'\sim B_5{}'$は佐原の分類によれば「内側竹管文―爪形文C」が相当する。前期諸磯式の古い部分の爪形文には，この文様が多用される（図2〜4・6・7）。ただ注意すべきことは，密に施文される爪形文の多くはこの原体によるものではなく，むしろCの原体によって施文されていることである。引いて平行沈線文としたものも多い（図2・3・7・10・12）が多截竹管を用いて平行沈線の間がカマボコ状に盛り上がる効果をねらったものは前期末から中期前半にかけての時期の一つの特徴である[7]。また，粘土紐の上に施文した立体的な爪形文もこの時期，広い地域に流行した。

　[C]　縦割り竹管の先端を，内側から外側に向けて斜めに切断したものを原体とする文様。

$C_4$　原体の外側を器面に向け，$20°\sim30°$の角度であてて押捺したもの。

$C_5$　原体の外側を器面に向け，$10°\sim15°$の角度であてて押捺したもの。

$C_4{}'$　原体の内側を器面に向け，$20°\sim30°$の角度であてて押捺したもの。

$C_5{}'$　原体の内側を器面に向け，$10°\sim15°$の角度であてて押捺したもの。

押捺痕はそれぞれ"C"ないし"く"の字状を呈するが，この形状の違いは先端部に加えられる加工方法に起因する。すなわち，C字状押捺痕の場合，原体の先端は円く削られ弧状を呈すが，くの字状押捺痕の場合は剣先状を呈す。前者は前期諸磯式の爪形文（図8）に，後者は中期の勝坂式・阿玉台式に多用される。従来，諸磯式の爪形文はすべて半截竹管によるものと考えられてきたが，b式段階から現われる幅広で密に施文される爪形文は，ほとんどがこの原体による施文である。なお，北白川下層式にもこの原体による爪形文があるようである。

　[D]　縦割り竹管の先端を，外側から内側に向けて斜めに切断したものを原体とする文様。

$D_4$　原体の外側を器面に向け，$20°\sim30°$の角度であてて押捺したもの。

$D_4{}'$　原体の内側を器面に向け，$20°\sim30°$の角度であてて押捺したもの。

この原体を用いた文様には，原体の移動方法の違いで，平行する沈線文・列点文・結節沈線文，"Σ"状の圧痕文などがある。中期阿玉台式に特有な文様とみられていたが，すでに前期から使われており，諸磯式の平行沈線文（図9），波状の結節沈線文（図11）などの使用例が判明しつつある。なお，関西前期末の大歳山式にも，この原体による爪形文が粘土紐の上に施文されることがある。粘土紐の断面が三角形になる独得の施文で，この式の土器に固有のものであろう。

　以上，前期から中期にかけて盛行した竹管文を原体と施文手法との関係でみてきたが，一見複雑そうにみえる竹管文も，施文原体との関係でみることによって，その理解が容易になるのである。

## 2　竹管文の展開

　竹管様施文具は，縄文と並んで草創期から晩期まで連綿と使用し続けられた長命の施文具であるが，文様としての竹管文はそれが盛行した中期を境に衰退してしまう。ここでは盛行する前期から中期にかけての展開を中心にみてみたい。

　竹管文は草創期の古い段階の円孔文系土器の文様に採用されたものを最古とする。竹管様施文具の最も基本的な特徴である円形が表現されているが，他の竹管文が採用されることはなかった。その後，竹管は裏方にまわる[8]が，早期の中頃から後半にかけて貝殻沈線文系土器，貝殻条痕文系土器の文様として再び採用されることになる。この時期になると竹管文の種類も増え，文様としての体裁も整うが，原体の端部へ加工を加えた文様はまだ現われていない。

　前期になると，縄文とともに原体，施文方法に工夫を凝らした多種多様な文様が盛行する。関東ではまず羽状縄文系土器の口縁部文様帯に採用されるが，この様式の展開はあくまでも縄文が中心であったために竹管文の使用は低調であった。た

だ，この様式が終焉を迎える黒浜式の新しい段階
になると，諸磯式に共通する新しいモチーフと竹
管文の使用が始まる。従来の型式観とは相容れな
いが，この時期に羽状縄文系から諸磯式へのモデ
ルチェンジがあったと考えると[9]，黒浜（新）式・
水子式は過渡期の様相を示す諸磯式の最古段階の
姿として捉えることができる。

　諸磯式の段階になると，初めて原体の端部に加
工が加えられ，中期の土器様式にも共通する基本
的な原体がすべて出揃うことになる。とくに爪形
文はa式段階からb式段階へ移る過程で原体Cを
使用するようになり，また，平行沈線文・波状文
についても，原体Cに呼応してか原体Dを使用す
るものがでてくる。b式段階以降は，爪形文の衰
退に伴って，原体の変化とはあまりかかわりのな
い文様の変遷が何段階かにわたってたどれるが，
いわゆるc式段階になると，文様帯の構成と施文
方法などに大きな変化が現われる。すなわち，今
村啓爾も指摘しているように[10]，胴部文様が水平
の分割から縦の分割に替ること，各種の貼付文が
発達すること，粘土紐の上に竹管文が施文される
ようになること，などである。この変化をどう捉
えるかについては見解のわかれるところである
が，様式論の観点でこの変化をみてみると，これ
は施文法・文様構成など，文様構造の大幅な変更
を伴うモデルチェンジであるから，c式以降は諸
磯式とは別の様式とすべきであろう。

　関東の竹管文土器は諸磯式以降，十三菩提→五
領ケ台→勝坂式と変遷するとされているが，その
内容は必ずしも十分に整理されているとはいえな
い。多分に錯綜した様相を呈していると考えられ
るので，今一度，施文原体・施文方法などについ
ての基本的な分析を行ない，改めて様式論の観点
から再整理してみる必要のあることをここに提言
しておきたい。

　なお，関西の北白川下層式については，爪形文
の詳細な分析があり，その分析が型式学的編年研
究にとって有効なことが明らかにされている[11]。

#### 註・引用文献
1）山内清男『日本先史土器の縄文』1979
2）前期の竹管文を扱ったもの
　　麻生　優「竹管文に関する試論」上代文化，24，
　　1953
　　中期の竹管文を扱ったもの
　　可児通宏「竹管文の分類」多摩ニュータウン遺
　　跡調査報告Ⅶ，1969

　　篠原　正「新橋遺跡における阿玉台式土器の竹
　　管文と施文具の研究」新橋遺跡発掘調査報告，
　　1978
　　大村　裕「所謂『角押文』と『キャタピラ文』
　　の違いについて」下総考古学，7，1984
　　いわゆる「爪形文」を扱ったもの
　　佐原　真「土器面における横位文様の施文方
　　向」石器時代，3，1956
3）西川博孝「竹管文」縄文文化の研究，5，1983
4）施文原体に何が使用されたかについては詳細に検
　　討されていないが，太さから判断するとシノ（アズ
　　マネザサ）などの茎の細い竹類が最もよく対応しよ
　　う。また肉の薄いものについては，加工によるより
　　も当初からそのような構造を有したものを原体とし
　　て使用した可能性が強い。
5）この計測値は，角度にバラツキのあることを考慮
　　に入れた上で，取捨しながら平均値を求めたもので
　　ある。施文具の操作に何ら規則性がないとするなら
　　ば，大村（1984）が批判するようにこのような細か
　　い分類は意味をなさないであろう。ただ，それらの
　　文様がどのような文様効果を意図して施文されたも
　　のであるかを見きわめることと，ある角度でもって
　　文様の見かけ上の形が変化する場合のあることを考
　　慮に入れると，検討のための目安の数値としては有
　　効なのではなかろうか。なお，麻生（1953）と西川
　　（1983）は直角・鋭角・鈍角という大まかな3分類
　　を用いている。
6）径2mm前後の細い原体で施文された結節沈線
　　は，Bの原体よりもむしろAの原体で施文されてい
　　るようである。
7）前期関山式・黒浜式の竹管文や諸磯式の肋骨文な
　　どにも比較的よく用いられる。
8）円孔文系土器以降，貝殻沈線文系土器までの間，
　　竹管文の採用はみられないが，原体としての竹管
　　は，多縄文系土器・撚糸文系土器の時期，絡条体の
　　一部として使用され続けていたのである。しかも，
　　円形竹管，半截竹管の2種類がすでに出揃っていた。
9）様式の概念は小林達雄の様式論に則るものである
　　が，縄文土器の変遷の中にみられる変化をモデルチ
　　ェンジという概念で呼ぶとすると，施文具の交替や
　　文様・モチーフなどの大幅な変更を伴う変化はフル
　　チェンジであり，単なる施文手法の変化や容易にた
　　どれるモチーフの変化などはマイナーチェンジと呼
　　ぶことができる。フルチェンジは様式の交替を，マ
　　イナーチェンジは同一様式内の変遷の段階を指すこ
　　とになる。この概念で該期の様相をみてみると，繊
　　維の混入の有無よりも，施文具や文様・モチーフの
　　共通性でもって様式の画期とした方が，より合理的
　　な説明がつくように思われる。
10）今村啓爾「諸磯式土器」縄文文化の研究，[3，1982
11）網谷克彦「鳥浜貝塚出土縄文時代前期土器の研究
　　（1）」鳥浜貝塚1980年度概報，1981

堅果類の保存・加工場
# 香川県永井遺跡

香川県善通寺市の沖積平野に立地する永井遺跡では，縄文時代後期中頃（彦崎KI式期）の自然河川跡からドングリ・トチ・クリを主体とする多量の堅果類とともに，これらの水漬保存・加工に用いたと思われる編み物や完形品を含む土器・磨石・石皿，および祭祀品の鳥形木製品・土偶がまとまって出土した。これによって，付近が植物性食糧の貯蔵・加工場および残滓の廃棄場であることがわかるとともに，当時の生業活動とそれに伴う祭祀の一端が明らかにされた。

　　　　構　成／渡部明夫
　　　　写真提供／香川県教育委員会

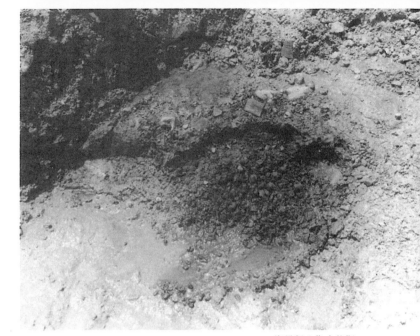

堅果類の集中状況
（編み物No.1が検出された付近）

編み物・堅果類などを出土したグリッド
（北から。上方の拡張部付近から多く出土した）

土器群出土状況
（南から。右上は編み物No.7）

香川県永井遺跡

浅鉢（彦崎KⅠ式。土器群中から出土）

無文深鉢（彦崎KⅠ式。土器群中から出土）

鳥形木製品（長さ12.7cm）

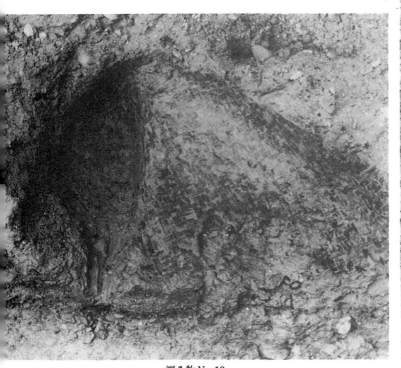
編み物No.12

編み物No.1

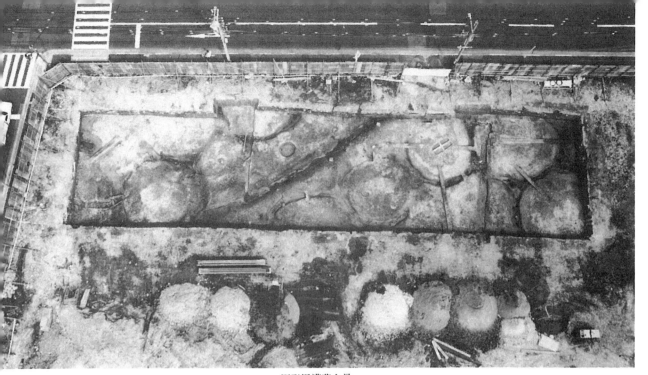

円形周溝墓全景

## 弥生～古墳時代の円形周溝墓
# 兵庫県深江北町遺跡

構　成／山下史朗
写真提供／兵庫県教育委員会

深江北町遺跡では昭和61年の発掘調査で弥生時代末～古墳時代初頭のいわゆる庄内式併行期の円形周溝墓が12基みつかった。この時期の周溝墓は近畿地方では検出例が少なく，円形のものとなると皆無である。弥生時代から古墳時代への過渡期の一様相を示すものとして注目される。また，遺跡は海岸砂堆上に立地していて，現海岸線からはわずかに500mのところにある。供献土器の中には他地域産のものも多く含まれることとも考え合わせると海上交通を媒介として活動した遺跡の性格が浮かび上がってくる。

発掘調査風景

8号周溝墓全景

◀4号墓の壺棺
蓋は壺の上半を割って使用している。棺身は讃岐産か？

## 兵庫県深江北町遺跡

▶4号墓の全景
　中央に壺棺がみえる

▲周溝内で焼かれた土器
　送葬儀礼の際のものか

▼周溝内の供献土器
　体部下半は破砕されている

●最近の発掘から

# 縄文時代後期の生業跡——香川県永井(ながい)遺跡

## 渡部明夫 香川県教育委員会

　四国横断自動車道建設に伴い昭和60年度から発掘調査が実施されている永井遺跡で，縄文時代後期中頃（彦崎KI式期）の自然河川跡から，ドングリなどの多量の堅果類とともにヒョウタン・獣骨・編み物・磨石・石皿・鳥形木製品・土偶や，完形の深鉢を含む多量の土器などがまとまって出土した。

　これらの遺物からみて，この付近で堅果類の水漬保存や加工・廃棄，およびそれに伴う祭祀が行なわれたことは疑いないようであり，縄文時代後期の生業活動の一端を示すものとして注目される。

### 1　遺跡の位置と環境

　永井遺跡は香川県善通寺市中村町島田・榎田および下吉田町下所西に所在する。遺跡地は善通寺市街の北約1.5kmに位置し，丸亀平野の西部，金蔵川と弘田川に東西を挟まれた標高18〜20mの沖積平野に立地する。

　丸亀平野では沖積層が厚いためか，最近まで縄文土器の出土は知られていなかった。しかし，昭和58年2月から開始された四国横断自動車道建設に伴う発掘調査によって，善通寺市金蔵寺下所地区・稲木A地区・吉原BⅡ地区などで，遺構には伴わないものの，後・晩期の土器が出土した。また，昭和58年10・11月に実施された善通寺市五条遺跡の発掘調査でも後期土器が出土し，わずかずつではあるが，徐々に出土例が増加していた。

　本遺跡は四国横断自動車道予定路線内に遺存する条里遺構の確認を目的とした試掘調査で発見され，昭和60年5月7日から61年12月末までの予定で発掘調査が実施されているものである。

### 2　遺　構

　永井遺跡のうち，今回の調査対象地は道路予定地にかかる幅約50m，東西の長さ約700m，面積約33,300m²の範囲である。

　発掘調査は現在進行中であるが，現在までのところ，縄文時代後・晩期の自然河川跡や土壙をはじめ，弥生時代前期の土壙，古墳時代および平安時代末頃の溝，中・近世の掘立柱建物跡・土壙などを検出している。調査地東部は遺構が希薄で，縄文時代の遺構は多くないようである。

　以下，縄文時代の主要な遺構について略述する。

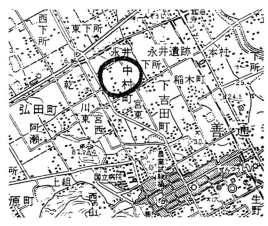

遺跡の位置（1:50,000）

　**SR 8501**　調査地西端で検出された後・晩期の自然河川跡で，幅約12m，深さ約2mの規模をもつ。約30mの長さを発掘した。北西方向に流れていたものと思われる。

　河川内には上から，Ⅰ黒色粘質土，Ⅱ青灰色粘質土，Ⅲ青灰色砂，Ⅳ青灰色砂礫が堆積する。Ⅳ層は加曾利BⅠ式の土器片とともに後期中頃の彦崎KI式を主体とした土器を含み，Ⅲ層には後期後半（馬取式・福田KⅢ式）と晩期前半（黒土BⅠ式）を主体とした土器を，Ⅰ・Ⅱ層には黒土BⅠ式を主体とした土器を含む。

　出土品の中でも注目されるのが打製石斧で，各層から多量に出土し，総数は100点を越えるものと思われる。また川底には，Ⅲ層の中ほどから打ち込まれたと思われる長さ約50cm，直径約5cmの杭が14本，流れに沿って検出された。

　**SR 8507**　調査地の中央から西寄りにかけて検出された自然河川跡で，幅約4.5m，深さ約1.1mを計る。東西約200mにわたって蛇行した流路が確認できた。彦崎KI式から彦崎KⅡ式・馬取式・福田KⅢ式に及ぶ多量の土器とともに，打製石斧・石鏃・石皿などの石器などを出土している。

　**SR 8507 下層河川跡**　SR 8507西端部の調査において，川底の下からさらに北に広がる青灰色砂・青灰色粘質土・暗茶灰色粘質土・青灰色砂礫を検出し，ここから彦崎KI式土器や自然木が出土することを確認した。これらの土層はSR 8507の南岸で終っていることから，

85

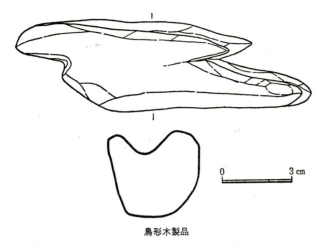

鳥形木製品

一部では SR 8507 と南岸を共有しながらも，その下部により幅広い自然河川が存在していたことが明らかとなった。

現在のところ，この下層の自然河川は SR 8507 の下には必ず確認でき，南北幅が 40m 以上あるらしいということの他には詳しくわかっていない。

下層河川跡の堆積土は地点によって一様ではないが，青灰色粘質土と青灰色砂の下に部分的に暗茶灰色粘質土があり，さらに青灰色砂礫，褐色砂礫へと続く。出土土器は彦崎KⅠ式で，調査地中央部の暗茶灰色粘質土から編み物や多量の堅果類を，100m ほど西から赤漆を塗った木製品などを出土した。

なお，下層の河川跡で遺物が多いのは SR 8507 付近のみで，これから離れるに従って少なくなる。また，地表下約 3m より下に堆積する褐色砂礫からの出土も少ない。

以上のほか，調査地東寄りの地点でも彦崎KⅠ式・KⅡ式期の遺物包含層があり，多量の土器とともに玉砥石を含む石器などを出土している。

## 3 遺物の出土状況

ここではとくに注目される編み物などの出土状況を略述する。

編み物や堅果類を含む植物質遺物は，調査地中央の南辺小拡張部付近から集中的に出土した。出土層位は前述した暗茶灰色粘質土である。暗茶灰色粘質土はこの付近ではとくに厚く，あるいは数層に重なりながら，南東から北西方向に堆積していた。

編み物は 13 点出土した。そのうちの 12 点は約 5×5m の範囲内で出土したが，1 点は約 7m ほど離れていた。いずれも断片で，大きさは 10cm 大のものから約 1m に及ぶものまである。材料は蒭の類のようである。編み物の中には立ち上がりが認められるものや，フジ蔓様のものを編み込んで補強としたものもあるので，籠の断片も含まれていると思われる。

編み物の周辺や上部からきわめて多量の堅果類が出土した。しかも堅果類のみがかたまって出土した例や，編み物 No.12 を包み込むように集中して出土した例からみると，編み物と堅果類が密接な関係を持つとともに，堅果類が人為的に集められ，あるいは一括廃棄されたのではないかと推察される。

堅果類や種子などにはドングリ・トチ・クリ・クルミ・ムクロジ・センダン・イヌガヤ・ムク・クス・ヒョウタンなどが現在確認されている。出土量はドングリが圧倒的に多く，トチ・クリがこれに次ぐ。ドングリはカシ類と思われる小型のもので，アベマキのドングリはほとんどみられない。また，ドングリには破損していないものも多いが，トチ・クリは果皮の破片である。食糧の残滓としては他に獣骨も出土した。

堅果類とともに磨石・石皿も出土した。ただ，暗茶灰色粘質土層からの出土は少なく，砂礫層からの出土が多い。現在のところ出土遺物の整理が十分できていないが，卵形の磨石 2 点と，15 点以上の石皿を確認している。

多量に出土した土器は，福田KⅡ式などを数点含むほかは彦崎KⅠ式に属する。この中にはいわゆる津雲A式も含む。これらの土器は器面がほとんど磨滅しておらず，しかも編み物群の南で検出された土器群から，完形品が押しつぶされた状態で出土していることなどからみて，付近で使用され，廃棄されたことがわかる。

鳥形木製品は長さ 12.7cm を計るもので，鳥としてみれば頭部・体部および後に伸ばした両翼と二つに分かれた尾部を認めることができる。しかし，目や脚部の表現はなく，下からみればイルカ，あるいは亀の頭骨ではないかともみられている。土偶は頭部から胸部にかかる破片で，高さ 4.3cm，幅 3cm の小品である。目や口などの細部の表現はないが，頸部の四周には首飾ではないかと思われる線描き文様がある。

## 4 まとめ

以上のことから，編み物や堅果類の出土地点の付近で，植物性食糧の貯蔵および加工，あるいは食糧残滓の廃棄が行なわれたことは疑いないものと思われる。したがって，同じ場所から出土した鳥形木製品と土偶は，こうした生業活動に伴う祭祀品である可能性が高く，当時の祭祀の具体的内容を考える上で興味深い。

●最近の発掘から

# 砂堆に築かれた円形周溝墓群——兵庫県深江北町遺跡

## 山下史朗　兵庫県教育委員会

　深江北町遺跡は神戸市東灘区深江北町1・2丁目に所在する遺跡で，弥生時代～平安時代の集落と弥生時代末～古墳時代初頭の円形周溝墓群，奈良～平安時代の水田跡などから構成されている。当地域は早くから市街地化していたものの，低層住宅が中心で，近年中・高層住宅への改築が進み，これに伴う発掘調査も年々増加の一途をたどっている。今回の発掘調査も県営住宅の改築に伴うものである。

## 1　遺跡の位置と環境

　遺跡の所在する東神戸地域は，北は六甲山，南は大阪湾に挟まれた東西に長い帯状の平地を有する。この山麓では数多くの遺跡が知られていて，なかでも高地性集落として有名な芦屋市会下山遺跡や，銅鐸・銅戈の出土した神戸市桜ヶ丘・生駒・森・保久良神社遺跡など青銅器の宝庫を抱えている。

　ところで，これら多くの遺跡はいずれも標高3m以上の山麓傾斜地～山頂部に立地していて，海岸部での遺跡の存在はほとんど知られていなかった。しかし，近年の調査例の増加でこれら海岸部の地域でも遺跡の存在が明らかになってきた。海岸砂堆上の遺跡がそれである。東神戸の海岸部では，およそ6,000年前の縄文海進後の海退に伴って1～3列の砂堆が形成されていて，縄文時代末～弥生時代初めには砂堆上で定住を始めるようである。深江北町遺跡の西約1kmにある神戸市北青木遺跡がその例である。また，北約500mの旧汀線に立地する本庄町遺跡では，縄文時代中期の団栗貯蔵穴群が見つかるなど重要な発見が相次いでいる。深江北町遺跡はこうした砂堆上から後背湿地にかけて立地する遺跡である。

## 2　遺　構

　当遺跡の基本的な立地は，集落・墓などの存在する砂堆上の地区と，水田の営まれる後背湿地地区の二つに分かれる。前者の遺構からのべよう。

　円形周溝墓　砂堆上では，弥生～平安時代の遺構がほぼ同一面で検出できる。これは，砂堆上が周囲に比べて高く，土砂の堆積がほとんどないことに起因する。とくに，住居跡などの遺構は砂堆上でも最も高位を占めるため遺構の重複が認められるが，周溝墓に関してのみみれば，砂堆の落ち際で，集落からみて北西端に立地するた

め，時間的にも空間的にも独立した一定の領域を占めている。

　さて，今回の調査で発見された円形周溝墓は，およそ55m×12mの範囲で計11基が確認されている。これらは，大まかにみて南北に延びる溝を中心に東西2群にわけられる。この溝は幅約2m，深さ0.6mで，溝底のレベルからみると南から北へ流れていたようである。また，溝内からは弥生時代中・後期の土器が出土しており，溝の掘削年代はそのころといえる。したがってこの溝は周溝墓の区画のために掘削されたものでないことはあきらかである。

　周溝墓の規模は，4号墓を除いてほぼ直径7～8mの範囲に納まっていて，最大の9号墓でも直径10m程度である。すべての墓の墳丘の高さは，上部を削平されているために0.5～0.6mと低いが，6号墓では若干の盛り土が認められており，本来は数十cm程度の盛り土がなされていたものと思われる。しかし，元来基盤層が砂であり，溝の掘削によって確保した盛り土はいとも簡単に流れさったことは容易に推定できる。周溝は旧表土層から掘り込まれ，幅0.8～2m，深さ0.3～0.6mで断面U字形ないしは逆台形をなす。調査した範囲内では周溝が完全に一周廻るものはなく，いわゆる陸橋部を形成している。2・7・8号墓の例では，この陸橋部はすべて北西方向を向いている。供献土器は周溝の底や溝斜面で多数出土している。

　検出された11基の周溝墓のうち埋葬主体部の確認できたものは5基で，このうち4基は墓壙のみが，残りの1基は壺棺が検出された。いずれの主体部も単独での検出で，当遺跡の周溝墓が基本的に単葬であることを示している。4号墓の壺棺は，0.8×1m，深さ0.5mの楕円形の掘り方内に，棺体，蓋ともに壺を使用したもので，胎土や形態から，棺身は讃岐産と思われる。また，墳丘はきわめて不整形で群中でも特殊な存在である。検出された墓壙のうち3基は3.2×1.5m程度のほぼ同形同大の隅円方形で，8号墓のみが2.2×1.2mとやや小振りである。しかし，墳丘の盛り土部分のほとんどが削平されているため，検出面からの深さは10～15cm程度にとどまる。いずれも木棺を埋葬したものであろう。棺内，墓壙内ともに副葬品などの遺物は出土していない。

## 3 遺物

　円形周溝墓の土器はほぼすべてが溝から出土している。おそらく葬送儀礼に際して周溝墓および周溝内に供献されたもので，とくに，2～5号墓の周溝部と，8～10号墓の周溝部の2ヵ所に集中している。いずれも破砕された状態で出土しており，口縁部を打ち欠いたもの，底部を穿孔したもの，体部を破砕し口縁部のみを残したもののほか，周溝内で燃やされた状態で出土した土器もある。葬送儀礼に伴うものとすればおもしろい。これらの土器はその約7割を壺が占めており，残りを甕と若干の鉢とで占めている。大変興味深いことに，土器は在地産のものと明らかに他地域産のものとがある。今のところ胎土分析などの科学的な検討を行なっていないので不確かな点も多いが，形態や見かけの胎土からすると，山陰・讃岐などの土器が判別できる。深江北町遺跡が海辺の遺跡であることと考えあわせると，遺跡の性格を考える上での重要な意味をもつだろう。

　つぎに遺物の年代だが，出土した土器は近畿地方でいう庄内式に並行するものである。実はこの時期の周溝墓は近畿地方では極めて検出例が少ない。ましてや円形のものとなると皆無である。ただし，弥生時代後期の例であれば，近くの神戸市郡家遺跡での2基の検出例がある。この年代は一部の地域ではすでに古墳の出現しているころであろう。今のところ当地域ではこの時期の古墳は確認されていない。しいてあげれば，最近前方後方墳であることが明らかになった神戸市処女塚古墳が最も古い例であろうか。いずれにしても，弥生時代から古墳時代への社会変化の過渡期の一様相を示すものとして注目に値する遺跡である。

## 4 その他の遺構

　砂堆上には周溝墓あるいはそれに先行する時代の集落の存在が当然予想されるが，調査範囲の狭さもあって現在のところ明らかでない。しかし，古墳時代後期では一辺3.4mの方形竪穴住居址，奈良時代では2×4間の掘立柱建物址が2棟並行してみつかっている。とくに奈良時代の遺構に伴って，土錘・飯蛸壺といった海辺の遺跡らしい遺物や，銅製丸鞆・小型鏡・円面硯・墨書土器など役所の存在を思わせる遺物も出土している。漁業を統括する下級機関があった可能性がたかい。

　北方の後背湿地では奈良～平安時代の水田跡が見つかっている。限定された範囲での調査のため，一筆ごとの形態や面積などは明らかにできなかったが，度重なる芦屋川の洪水で何層にもわたって埋積されていた。これによると，この時代でもなお水田の小区画は地形の変化に応じて不定形にならざるをえないようである。また，東神戸地域ではこの段階になってようやく低地全域に水田開発が及んだものとおもわれる。

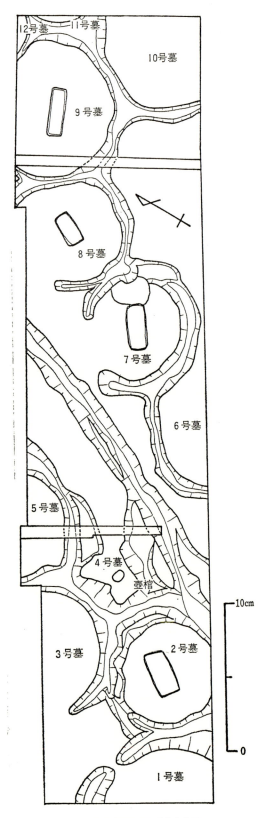

深江北町遺跡円形周溝墓全体図

# 連載講座
## 日本旧石器時代史
### 3. 日本の前期旧石器時代

東北歴史資料館考古研究科長
**岡村 道雄**

● はじめに ●

日本の前期旧石器文化についての本格的な研究は、青森県金木遺跡、大分県丹生遺跡、大分県早水台遺跡の発掘に代表される三つの流れによって始まった。金木遺跡では発掘後に出土品が擬石器であると判定され、日本には前期旧石器文化が存在しないという仮説の出発点となった。丹生遺跡でも石器の包含層が特定できず、その後研究は中断している。早水台遺跡では後期旧石器が包含されていた地層の下位から石器が出土した。問題の石器が含まれていた地層は、下末吉段丘形成後の武蔵野ローム形成期に相当し、石器は前期旧石器時代に属する。しかし、それらは礫層に混在しており、主に粗粒な石材が用いられ、風化が進み、褐鉄鉱の被膜におおわれ、一部に自然破砕面がある可能性も否定できないなど、人為的な剥離面が認識しにくかった[1]。このように最初の例としては条件が悪かったため、大方の研究者の認めるところとはならなかった。

そこで芹沢長介は、北関東にフィールドを移し、栃木県の星野遺跡や大久保遺跡、群馬県の岩宿D遺跡などのいわゆる珪岩製旧石器を継続的に調査し、前期旧石器文化存在の立証に没頭した。しかし、それは新井房夫などが指摘するように、遺跡の立地、遺跡の生成過程や構造（遺跡の広がりや生活面）、石材の選択性などに明らかな人為の証拠が乏しく、逆に遺跡の生成は自然作用による疑いがあるという。また石器自体も、貝殻状断口を示す剥離痕は縁辺の微小剥離に限られ、素材の形状をほとんど変えておらず、形態のバリエイションも素材の角礫の形に従っている。また石器産出層の年代的な差異が石器群の差や変遷とは対応せず、後期旧石器との共通性や連続的発展が歴史的にあとづけにくいなど、今後の検討課題が多い。

一方、岩宿遺跡発見後まもなく、同じ相沢忠洋によって群馬県権現山・不二山・桐原の各遺跡で中部ローム層に包含されていたといわれる石器群が発見されていた。これらはJ.マリンガー、芹沢、杉原荘介、加藤稔らによってとりあげられ、おおむね前期旧石器時代の新しい段階に属すると

1.金取 2.座散乱木 3.馬場壇A 4.中峯C 5.志引 6.長岫・青葉山B・山田上ノ台・北前 7.明神山 8.上屋地B 9.不二山・権現山・桐原 10.岩宿山寺山 11.星野第1・3地点 12.加生沢 13.西八木 14.早水台 15.福井洞穴

図8 日本の主な前期旧石器時代遺跡

89

考えられてきた。筆者も早水台遺跡，長崎県福井洞穴，栃木県星野遺跡第1・3地点など，芹沢によって調査・分析された石器とあわせて，これらが東アジアの前・中期旧石器文化に包括されること[2]，これらのうち北関東の石器は同地域のほぼ同層準から出土する珪岩製旧石器とは多くの点で異なることを指摘し[3]，前者を軸に日本の前期旧石器の変遷について作業仮説を提示した[4]。

昭和55年春，宮城県座散乱木遺跡の雪どけを待って，道路の切り通しから前期旧石器がつぎつぎに発見された[5]。ついでその年の秋には仙台市山田上ノ台遺跡の発見・発掘へと続き，翌年の座散乱木遺跡の発掘では，地質・年代学的な成果を背景に，きわめて良好な条件下で石器の検出に成功した。それは前期旧石器存在の立証に必要な条件を十分に満たしていた[6]。その後，仙台市北前遺跡，多賀城市志引遺跡，大和町中峯C遺跡，古川市馬場壇A遺跡，泉市長軸遺跡，仙台市青葉山B遺跡で前期旧石器が発掘された。これらは宮城県での前期旧石器群の変遷を層位的な裏づけをもって示し，とくに馬場壇A遺跡では前期旧石器時代に属する重複した8つの生活面が確認され，石器群の変遷を知る上での主軸となっている。また中峯C・馬場壇A遺跡では日本列島の人類の歴史が約20万年前に遡ることを示し，広く発掘されたため当時の遺跡の構造，人類の活動とその広がりについて好資料を提供している。

### ● 前期旧石器のいろいろ ●

これまで日本の前期旧石器は，早水台遺跡で分類された握槌（ハンドアックス），楕円形石器（オベイト），菱形石器（ロンボイド），鶴嘴形石器（ピック），チョッピング・トゥール，円形石器（ディスク），チョッパー，尖頭石器（ポイント）などを基本にして呼ばれ，記載されてきた[1]。その後，スクレイパー，彫刻刀形石器などの分類も加えられた。また愛知県加生沢遺跡では，剥片石器を尖頭器，ナイフ（？），彫刻器（？），スクレイパー（エンド・スクレイパー，サイド・スクレイパー，ノッチド・スクレイパー，ビークト・スクレイパー，凸弯した刃部を持つスクレイパー，不定形なスクレイパー）に分類した。そして，大型の重量感ある石器と称される自然破砕礫の疑いがあるものは握槌，両面礫器，片面礫器，尖頭礫器，敲石などとして報告されている[7]。山形県上屋地B遺跡では，斜軸尖頭器，ナイフ状石器，掻器，片刃礫器，両刃礫器，握槌，三稜尖頭器，敲石などに分類している[8]。

いずれの分類も，小型の剥片石器を尖頭器，彫刻刀形石器，スクレイパー，ナイフ状石器などに分類している。大型の重量感ある石器は，素材の両面に二次加工を施した握槌，楕円形石器，円形石器，ピックなどと呼ばれるもの，素材の一部に片面から加工したチョッパー（片刃礫器），素材の一部に両面から加工を施したチョッピング・トゥール（両刃礫器）と呼ばれるものに大別されている。しかし，これらの分類は，それぞれの遺跡で個別に行なわれたものであり，各々の属性を観察し，定性・定量的に定義されたものでもない。

そこで宮城県では前期旧石器が約800点になり，類型化の見通しをえたので，できるだけ明確な基準で石器群を記載するために作業仮説としての器種分類案と仮称を示した。まず小型石器と大型石器に二大別し，前者を石錐，尖頭器，彫刻刀形石器，ナイフ状石器，スクレイパー（尖頭スクレイパー，凸刃スクレイパーなど），截頂石器，ノッチ，鋸歯縁石器，交互剥離石器，楔形石器，折断石器，後者を石斧，チョッピング・トゥール，ピックなどに細分した（図9）。なお，その中でもより細かなレベルで共通する特徴をもち，他と区別できるグループがあれば抽出した。編年・地域差などを語る上での目安・基準を模索するためである[9]。ちなみに宮城県での石器組成の時間的変化は，中段階の分類基準による組成に現われる。

前期旧石器は，今のところ総じて不定型な石器が多く，特殊化したものは少ない。ただし，この時代の剥片生産技術のレベルやシステムに規制されて半ば必然的に生産された剥片の特徴と，二次加工技術の特徴（たとえばスクレイパー・エッジや彫刀面の作出，大きな剥離による両面加工，両極剥離など）の組み合わせによって一定のまとまりをもつ石器が作り出される。したがって分類は技術的な側面に多くを依拠する。

### ● 前期旧石器の製作技術 ●

#### 1. 石材の選択性

早水台遺跡では粗粒な石英脈石，石英粗面岩（流紋岩）を主体とし，ハリ質安山岩や瑪瑙など細粒の石材も用いられている。長崎県福井洞穴第15層ではサヌカイト，加生沢遺跡では流紋岩がほとんどである。権現山遺跡では安山岩が圧倒的に多

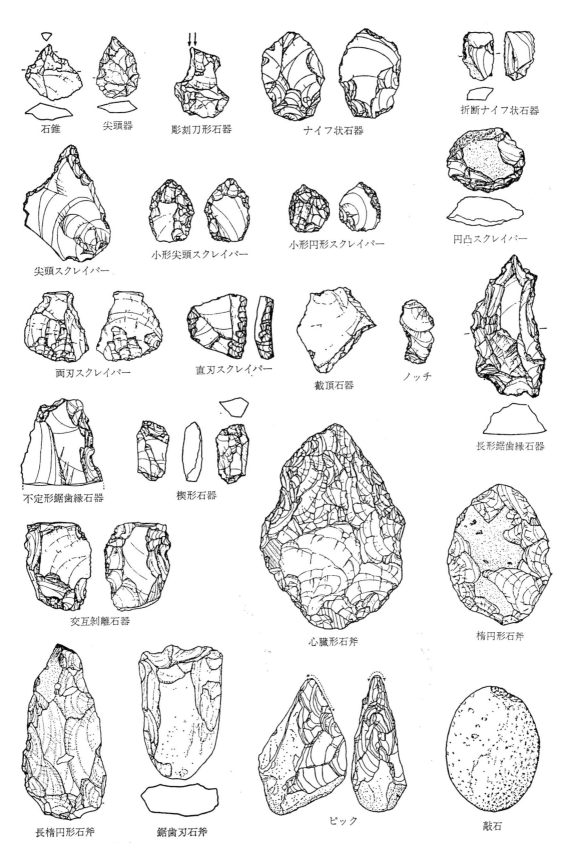

図 9　前期旧石器のいろいろ

く，桐原遺跡では良質のチャートが用いられている。また山形県の上屋地B・明神山・庚申山遺跡などでは，珪質頁岩が大多数を占めている。

宮城県内では，30種以上の石材が知られる。小型の剝片石器には約13万年前以前の古段階で玉髄・碧玉が圧倒的に多く用いられ，次第に珪質頁岩・珪質凝灰岩が選ばれるようになる。ほかに安山岩・流紋岩・チャートも使用されるが，そのほかはごくわずかである。一方，大型石器には，粒子の粗い安山岩や石英安山岩など劈開性の弱い石材が用いられているが，約4.3万年前の新段階の後半になると珪質頁岩や流紋岩にとって変わる。

全国それぞれの地域で石材の選択性が大きく異なり，さらに同地域でも時代によって石材は大きく変化している。後期旧石器時代に比べて多様な石材が用いられる傾向があるが，今のところ黒曜岩は皆無である。また石材は遠隔地から搬入されるのではなく，遺跡の分布する水系に産する川原石あるいは露頭の礫を用いているらしい。

### 2. 剝片生産

宮城県安沢B遺跡で出土したスクレイパー同士の接合例を除けば接合資料がなく，石核の出土数も少ないので，剝片生産については不明な部分が多い。ただし，後期旧石器時代の石刃技法や瀬戸内技法にみられるように，石核を整えて企画的な剝片を連続的に多量生産することはない。

石核についてみると，打面転移をしばしば行なっているものが多い。古段階では打面を固定して剝片を生産する傾向は薄い。新段階になると，打面を固定して数回剝片を剝離した後，打面を転移しながら数回この作業を続ける整った石核が用いられるようになる。この場合，石核の素材の形状が剝片などの扁平なものでは，両面が剝離作業面になって円盤形となる。一方，直方体状の場合には，一つの稜を中心に数回の剝離作業が行なわれ，ついで直交する稜に打面を転移して剝片を継続する傾向がある。前者の石核のうち，とくに整ったものは，いわゆるルバロワ型石核に類似しており，早水台・加生沢・権現山・桐原・安沢A・馬場壇A遺跡で認められる。これらは前期旧石器時代を特色づけるものと考えられる。しかし，量的には少なく，典型的なものもわずかである。確立された技法として評価できるかどうか，あるいはその系統などについては今後の課題であろう。なお剝片は長幅がほぼ等しく，さまざまな形をも

つが，しばしば打面調整痕を残し比較的整った台形や三角形のものも生み出されていた。

剝片生産には，敲石による直接打撃法が用いられ，剝離面のバルブ・リングが発達し，貝殻状の断口を呈する。敲石はこれまでに座散乱木遺跡・馬場壇A遺跡で各1点出土した。なお粗粒な石材の剝離には両極剝離技術が多用された。しかし，細粒・緻密な石材の剝片生産にも，新段階の後半を除いて同技術が1割前後採用されている。この技術もこの時代の一特色といえよう。

### 3. 石器の加工法

二次加工には交互剝離，インバース・リタッチ，スクレイパー・エッジの作出，折断による整形・加工が目立つ。交互剝離は，先に剝離した面を打面として交互に剝離を繰り返すもので，新段階の前半（約13～4.3万年前）に特徴的である。スクレイパー・エッジとは，バルブの発達しない平坦で奥まで入る幅の狭い剝離面が素材の縁辺に重なって連続するものを言う。これは，新段階の中ごろから顕著になり，権現山遺跡，北前遺跡，馬場壇A遺跡第7層上面ではとくに典型的なものが目立つ。通常の剝離には，敲石による直接打法が採用されていると推定されるのに対し，これは軟質のハンマーを用いた直接打撃法による可能性が高い。なお粗粒な石材の加工，折断による石器の整形には，両極剝離技術が用いられることが多い。

## ● 前期旧石器の変遷 ●

約13万年前以前と以後では，石材の用い方，石器組成，石器製作法，石器の大きさなどが大きく異なり，新旧の二段階に大別される。古段階は，長幅2～3cm前後の小型の剝片と剝片石器が多く，大多数の石材は玉髄・碧玉である。定型的な石器はその後に比べて少なく，二次加工のある剝片に分類されるものが多い。ただし，定型的な石器としては，馬場壇A遺跡でまとまって出土した小型尖頭スクレイパーが特徴的である。反面その他のスクレイパーはほとんどない。また折断整形がしばしば認められる石錐やナイフ状石器が安定して組成される。また彫刻刀形石器も主要な道具のひとつだった。なお少数であるが，ノッチ，鋸歯縁石器，楔形石器が組成され，以後前期旧石器時代を通じて使用され続けた。また石英安山岩など粗粒な石材を用いたチョッピング・トゥール，二次加工のある大型石器などが組成される。

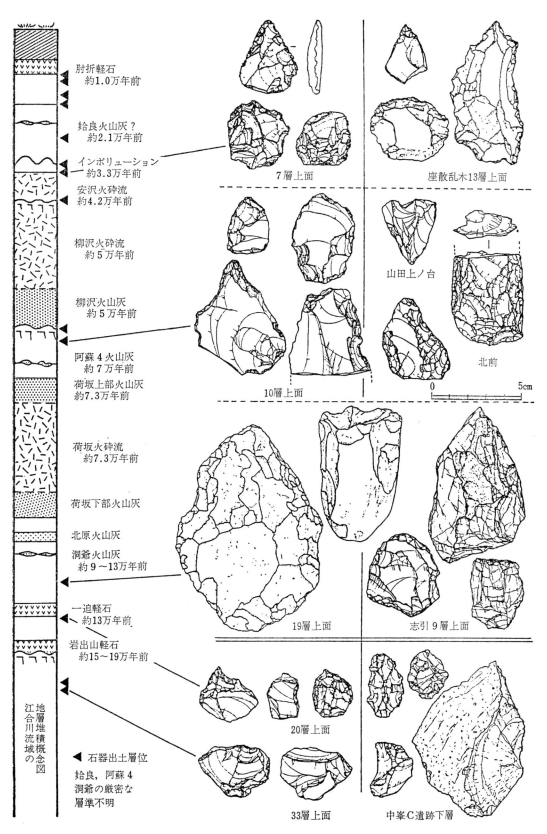

図10 馬場壇A遺跡（左側）の「前期旧石器」編年と同時代遺跡

代表的な遺跡には，中峯Ｃ遺跡最下層，馬場壇Ａ遺跡第32層上面と33層，同第20層上面があげられる。宮城県外では加生沢遺跡がこの段階に属するかもしれない。同遺跡第１地点の石器群は，赤色土中からその下層の黄褐色砂質土層に含まれていた。井関弘太郎によれば，赤色土は第Ⅲ間氷期に生成されたというので，石器は第Ⅲ氷期〜第Ⅲ間氷期の間に残されたと考えられる。石器は採集された13点や熱変化による自然破砕礫の可能性あるもの３点を除くと確実な資料は19点しかない。しかしすべて小型で定型的な石器はなく，典型的なスクレイパー・エッジをもつものもなく，石核・剝片も古段階の特徴に符合する。

つぎに新段階の前半（約13〜4.3万年前）には石材に珪質頁岩・珪質凝灰岩・細粒石英安山岩・流紋岩など多様な石材が使用され始める。スクレイパーが定着し，とくにこの時期の後半に典型的なものが増える。またこの時期は，粗粒な石材のうちでも比較的良質なものを選んで比較的整った各種の石斧類を作る。交互剝離石器も特徴的であり，石斧と共に交互剝離技術を用いた石器作りが盛んである。そして石器が全体的に大きくなる。剝片生産には打面を固定して数回剝片を剝離した後，打面を転移しながら数回この作業を続ける円盤形や直方体状の石核が多くなる。この時期の代表的な遺跡には，馬場壇Ａ遺跡第10・19層上面，多賀城市志引遺跡８・９層上面，仙台市山田上ノ台・北前遺跡などがある。

早水台遺跡では粗粒の石材を多用した粗い加工の石斧類，チョッピング・トゥールなど交互剝離技術による大型の石器が目立ち，反面スクレイパーが発達していない。そして打面を固定した剝片生産はみられず，剝片の生産性も低く，両極剝離技術が顕著であるなど，この時期でも古い様相をもつ。さらに権現山遺跡では整ったハンドアックスを始め，各種の石斧類と典型的なスクレイパーが特徴となる。剝片生産には両極打法も認められ，この時期の後半期に相当するであろう。地質学的所見とも矛盾しない。

新段階の最終末（約4.3〜3.3万年前）には，前の時期からの流れでさらに珪質岩など細粒・緻密な石材が多用される。大型石器もそれらで製作され，粗粒な石材はほとんど姿を消す。典型的なスクレイパーが多くなり，種類も増し，石器組成の約２〜４割を安定して占める。また三角形の比較

的整った尖頭器が現われる。剝片生産も前の時期の技術が発達する。石器の大きさは新段階前半期の終りごろから再び小型化する傾向が窺える。

座散乱木遺跡あるいは安沢Ａ遺跡など江合川中流域の12・13層上面出土石器群がこの時期を代表する。群馬県桐原遺跡では６点の石器しか出土しておらず，全体像は不明であるが，約3.2万年前に堆積した鹿沼軽石層下から出土していること，良質のチャートを用いた小型石器であり，整った円盤形石核が含まれていることなどからみて，この時期に属する可能性が高い。また長崎県福井洞穴もサヌカイト製の石斧破片と考えられるもの，典型的なスクレイパーが出土していることから，新段階に含められると推定される。ただし，縦方向の連続剝離のみられる剝片が主体であり，後期旧石器時代初頭との関連性も窺える。

● おわりに ●

宮城県を中心とした前期旧石器の器種分類仮説と層位的新旧を軸にした石器群の変遷について，概要を紹介した。一方では遺跡における生活面の認定とそこでの石器の残され方，さらには熱残留磁気測定による炉跡の検出，残留脂肪酸分析による石器と石器集中地点の場の使われ方などによる当時の生活復元を進めている。ようやく前期旧石器研究の枠組は整備され，徐々に研究の成果が蓄積されてきた。もはや前期旧石器存否問題を通過し，次の研究段階を迎えたといえよう。

註
1) 芹沢長介「大分県早水台における前期旧石器の研究」日本文化研究所研究報告，1，1965
2) 岡村道雄「約二万五千年前とそれを遡る時期の東アジア旧石器文化と日本の関連」文化，40−1・2，1976
3) 岡村道雄「北関東前期旧石器時代における二石器群」野州史学，3，1976
4) 岡村道雄「日本前期旧石器時代の始源と終末」考古学研究，91，1976
5) 岡村道雄「旧石器時代」『図説発掘が語る日本史』1所収，1986
6) 石器文化談話会編『座散乱木遺跡発掘調査報告』1983
7) 紅村 弘ほか『愛知県加生沢旧石器時代遺跡』1968
8) 加藤 稔ほか『山形県史』資料編 11，1969
9) 東北歴史資料館・石器文化談話会編『馬場壇Ａ遺跡Ⅰ―前期旧石器時代の研究』1986

# 書評

坪井清足 著

## 古代追跡

草風館
四六判 120頁
1,800円

「坪井さんが平城をやめるのだって」。噂を聞いて、おやもうそんなになるのかな、といまさら時の流れの早いのに驚く。というのは、ご尊父（昨年夏他界された）が大正から昭和にかわるころ「考古学研究会」の世話をされており、今でも「釣鐘は坪井」と誰でも信じているのだから、その令息は精鋭さっ爽と第一線の指揮を執っているはずである、と思うからである。事実はすでに堂々と一家をなし平城の要石の如く、平城と切り離せぬ坪井さんであるのだが。

考古学が、愛好者を加えてもそれ程の数にならないころ、雄山閣は、諸大家に頼んでせっせと『考古学講座』を刊行し続けた。それぞれの項目についての専門家の執筆であり、その中に坪井良平さんの「梵鐘」もあった。

さて『古代追跡』はこの辺りから筆を起されている。雑誌『考古学』があり、唐古が登場する。浜田、末永両先生のお名前もある。小林行雄さんを兄貴とも先生とも し、藤森栄一さんは兄であり友であった。ご尊父の許に集まるかたがたの中で少年時代の坪井さんが考古学に浸ってしまう。それは召集された台湾でも続き、軍務の中で掘った遺物の一部が金関さんに届けられ、今京大にあるという。

昭和初期、考古学については、世間でも学界でもその専門家を容れる場はかなり狭かった（愛好者や共感者は決して少なくはなかったが）。その中でこれに打ち込むには相当の覚悟が必要だったし、不遇のまま倒れた人の例も幾人かあげることができる。その一人藤森さんについて坪井さんは愛情を込めて、その学風は諏訪の風土が育てた独特のものと述べ、「後進に夢を与えつづけた不世出の考古学者……若い人びとの心にも永遠に生きてゆく」と語る。

戦後の社会的混迷の中でも、著者の心は絶えず「考古」から離れなかった。そして30年の元旦付で奈良国立文化財研究所にはいる。28年暮からの平城の応急調査で内裏北側の回廊跡が明らかになったので、恒久的調査機関を置くことになったからであった。ここで著者の秘められていた力が爆発的に発揮される。元来、父譲りの粘りと責任感、京大で良き師友を得たこと、それに加えて戦中戦後に体験した社会生活の中でおのずから得た創見、それが、奈文研、平城調査という新事業に立ち向って表出発揮されたといえよう。

著書では、記録方法の模索から始まり、木簡の発見と保存科学、写真測量などの項目を述べ、水落遺跡、飛鳥・川原両寺の調査を語り、さらに県立研究所設置から大宰府・多賀城・草戸千軒などの調査とその研究組織、神籠石・チャシ・グスク・八ヶ岳周辺遺跡の保存、と四方に言及し、産業考古学に触れ、「保存のための考古行政」に話が進んでゆく。

埋蔵文化財という概念は新しいものである。それらの大部分は考古学研究の対象であり資料である。したがって研究者は絶えずそれと接触しながら研究を進めているのであるが、埋蔵文化財を主語として考えると、人の営為の中ではそれの保護活用の問題が起きてくる。ここに考古行政の語が生まれる。行政と考古学の二つの立場には相容れない部分がある。それは各地で露呈され、生ぐさい衝突になった例もある。それをどう調和させ解決するかである。

平城調査も順調に進み（政治家諸公から見れば何と気の長いことであるかと言われながら次第に発掘作業の実態に馴れて貰ったのであるが）、次の各地で起っている開発と調査の相克の緩和のため文化庁の対策（風土記の丘、埋文センターなど）が少し方向を変えて結実したのが、研修を主目的とする中央の埋文センターであり、それが奈文研付置となって出発、49年坪井さんが初代センター長に就かれた。

次の項で著者は「考古行政への提唱」と題し、考古経営学、考古行政の需要と供給、の見出しで興味深い事象を交えながら大切な内容を語る。ある公団へ挨拶にいって「考古学者って人間ですか」といわれる。ある調査では残金を数えながら明日の発掘をする。ある県では公社が経費を余分に出して保存工事をしたのにそれに伴う県自体の調査が放置されたままなので、次の県では重要遺構が出たのに公社に押し切られて了った。そういうことが重なった結果は、開発側で資金を出して発掘事業のKKができる（開発に伴う調査引受けの民間KKは増えており、地方自治体までそれを頼りにする傾きがある）。

与えられた時間内でどう仕上げるか、ベストをつくすにはどうしたら良いか、その考えがないか、またはそういう形での修練があまりないという現状なので、この点を考古経営の視点で解決することが必要と著者は説く。これに関連した話が欧米の例を含めて続いている。今後、行政側、研究者側さらに開発側の意見を十分出し合って論じて貰いたい。

第二部「古代逍遙」では著者の豊富な体験と該博な知識で彩られた談話がたのしめる。（滝口 宏）

# 書評

中山修一先生古稀記念事業会編

## 長岡京古文化論叢

同朋舎
B5判 831頁
20,000円

　天応元(781)年4月に即位した桓武天皇は，延暦4(785)年11月11日に平城京から長岡京へ移幸した。この時に長岡京は歴史の表舞台に登場する。そして9年後の延暦13年，平安京に同じ桓武天皇によって再遷都され，都としての長岡京は廃される。

　この10年にも満たない短期間の都であった長岡京は，その所在地がほぼ現在の長岡京市周辺にあったと推定されていたが，その具体像についてはよくわからなかった。もちろん，その宮なり京なりの構造も，若干の文献資料から検討されることがあっても，全くわかっていなかったと言ってもよい。

　1955年1月に，中山修一氏が担当して発掘調査を開始され，会昌門跡が確認されて以来30年間が経過した。この30年間に，中山修一氏とその関係者・関係機関の努力によって長岡宮と長岡京の全体像が明らかになった。1985年7月19日に古稀の賀寿を迎えられた中山修一氏を祝賀するために献呈されたのがこの論集である。ちょうど，この年は長岡宮の発掘調査から30年目にあたるのは，長岡宮解明に取り組まれた中山修一氏をめぐる奇しき縁であろう。

　論文集は65篇の論文からなっており，その題目を列記しただけでも本評文に与えられた紙幅は不足する。長岡京の解明が中山修一氏とかくも多くの研究者の合作の賜ものであることを思う時，評者も含めた後学が，先人の業績によって研究を進めるにあたっては，長い研究史をひもとく必要性を痛感するものである。

　65篇の論文は大別すると三項目に分けることができる。第1は長岡京(宮)に関するもの52篇，長岡京(宮)の保存と行政に関するもの3篇，その他10篇。その他に分類したうちに，聖武朝の難波宮と由義京に関する論考がある。足利健亮氏の由義京に関する試論は，文献にある由義宮に京が伴っていたことを論じたもので，今後の考古学調査で京の存在が確認されたならば，聖武朝の陪都論に止らず，奈良時代後期の政治構造研究に影響を与えることになる。他の8篇には旧石器と石器が2篇，鈴鏡の集成，初期須恵器に関する考古学研究と，文献史研究があり，古墳時代研究に必読の文献となっている。

　長岡京(宮)関係のものはさらに三分類できる。第1は長岡京(宮)の沿革と，構造に関するもの18篇。出土品に関するもの11篇，長岡京を取りまく歴史・地理・考古の諸学に関する21篇からなる。この第3の項目に出土品に関する研究が15篇あり，第2の項目の11篇を併せると26篇が長岡京とその周辺の出土品を扱ったことになり，そのテーマはバラエティーに富んでいる。

　京(宮)に関しては，墨書土器，人形，土馬，瓦，鴟尾，土器，井戸，籠，木簡，八稜鏡などの出土品がある。遷都に関しては，文献上は遷都ではなく，移都であるとの指摘(岸俊男論文)がある。長岡遷都と，寺院の関係については山川藪沢の利用権の問題を扱った井上満郎氏論文と，遷都以前から存在した寺院の沿革を考古学資料によってまとめた小田桐淳式論文があり，奈良時代末の対仏教政策を知ることができる。長岡京と道教の関係は深い。高橋徹・安井良三両氏が論述している。ただ人形に関する安藤信策氏，土馬に関する木村泰彦氏論文による限り，人形と土馬の使用に関して平城京のそれと大差がないようで，長岡京遷都と道教の関係が，出土遺物とその使用法には反映していないようである。この点については，今後の調査によって桓武天皇の施策にみられる道教的性格と，当代人の宗教観や，それに伴う道具(遺物)との関係の詳細な追及は今後の考古学の研究テーマとなろう。

　長岡宮にみられる宮の南北軸に沿った三分割使用(中央・太極殿・朝集殿，東・内裏，西・宮衙か)は平安宮や平城宮とは違い中国南北朝から高句麗の安鶴宮にみられる古制であり，この点の追及も必要であろう。このような点を研究するための京の基本設計などについては，3篇が収録されている。百瀬ちどり・吉本昌弘・宮原晋一各氏の論文である。長岡京条坊の基準尺は吉本論文によって東西が29.5cm，南北が29.7cmとされるが，宮原論文では29.53(約29.5)cmとされ，百瀬論文では29.6cmと復元されており，若干の出入りが認められる。宮原論文では，宅地割が一坊を東西四行，南北八門に分割するいわゆる四行八門割に復元された。この32分割は，本論集の原稿が提出されてから平城京で確認されたので，平城京との比較研究が必要となろう。

　山中章氏による宅地の配置と建築についての論文は従来の全検出建築を比較研究したもので，宅地割と建築制度の研究に新しい視野を開いたものである。地鎮具の四仙騎獣八稜鏡については戸原和人氏の報告がある。弥生時代に関する論文も7篇ある。

　本書は旧石器時代から現代に至る長岡京域の歴史と地理を明らかにしたもので，イナカ→都市→イナカと変化する長岡の実相を読者に伝えるものであるといえよう。

(菅谷文則)

# 書評

南日本新聞社 編
## かごしま考古新地図
雄山閣
四六判 255頁
1,800円

　鹿児島県教育委員会の調査では，県内に約3,300余の遺跡が分布しているという。本書はこのうちから約100ヵ所の遺跡を対象にその内容や発掘調査の状況，学問的意義などについて紹介したものである。もともと本書は，執筆者の池島充氏が南日本新聞社編集局文化部在勤時代に朝刊の文化欄に連載して人気をよんだ「かごしま考古新地図」（昭和59年6月6日～昭和60年7月12日）を一冊の本にまとめ出版したものである。

　どんな学問分野でもそうであるが，こと報告書という類の書物は，読む人にとって非常に難解であり，とっつきにくいしろものである。とくに考古学の報告書はその最たる例であろう。しかし池島氏は，これらの難解な報告書にいちいち目をとおし，さらに自らの足で遺跡を訪れ，発掘を担当している考古学徒とも交わりながら県下の遺跡をみた数少ない優れたジャーナリストである。私たちの沖縄県でも一昔前までは，この池島氏のようなジャーナリストは確かに多かった。彼らは発掘現場で調査員たちと数日間も泊り込み，自らの目で遺構を確かめ，出土した遺物に接し，その感動を記事にした。そのためか読む人びとにある種の興奮と感動を与えたものである。ところが昨今はどうであろうか。ジャーナリストだけのせいにするのも一面的な見方かも知れないが，御膳立てされた記者会見だけによって記事を書き，あげくのはてには電話取材だけで記事を書くという具合である。

　本書の内容とする遺跡の記述は，池島氏自らが遺跡を歩き，現場を訪ね，発掘担当者から直接取材して書きあげたものとなっている。そうだからこそ国分直一氏も本書の序文の中で述べているようにこの書物は，われわれにとって「考古学的情報集であると同時に，先史・古代文化研究に立ち入る上のガイド的意味をもちうるもの」といえるのである。

　本書の目次を見ると，各時代ごとに読む人びとの興味を引くようなテーマが工夫して立てられている。たとえば旧石器・縄文時代では「旧石器を追え（出水市・上場遺跡）」，「木の実の証言（志布志町・東黒土田遺跡）」など。弥生時代では「ルーツを掘る―大陸から来た弥生人？」，「台風の落とし子（南種子町・広田遺跡）」など。古墳時代では「戦闘集団（山川町・成川遺跡）」，「ナゾの土器（北薩地方の免田式土器）」など。歴史時代では「幻の国府（川内市・薩摩国府跡）」，「入れ墨とふんどし（畿内隼人の移住地）」など。奄美の古代では「原点の遺跡（伊仙町・面縄貝塚）」，「天然の保存庫（伊仙町・犬田布貝塚）」，「幻の登り窯（伊仙町・カメヤキ古窯跡群）」などなどざっとこんな具合である。本書を手にした読者はこの目次の項目一つひとつにきっと興味を引くことであろう。だが，ただ興味を誘うというだけではない。行間を追って読み進んでいくうちに読者はいつしか古代のロマンにひたり，それでいて読み終る頃には鹿児島県考古学の概要がある程度つかめるようになっているのである。

　九州本土と沖縄県の間には薩南諸島，吐噶喇列島・奄美諸島が花綵のように連らなっている。近年の調査の成果では，これらの花綵列島のうち種子島・屋久島などの薩南諸島は本土の文化が深く浸透し，縄文・弥生文化の影響を強く受けた地域であること，奄美諸島は西南九州の強い影響下にありながらも南島独自の先史文化圏を形成することなどが判明した。また両者の接触地帯は吐噶喇列島になっている。

　さて，鹿児島県の考古学を語る場合にあたっては，これら島嶼の文化を抜きにして考えることができないのはいうまでもない。ところがこれまで鹿児島県下の考古学というと，とかく本土のみに目が向けられ，南島の島々の様子を語ることについては消極的な感さえ受けたのである。本書の場合，目次構成を見てもわかるように，終章にはわざわざ「奄美の古代」として一章がもうけられているのである。

　近年，わが南島における考古学的調査はめざましく，その中でもとくに奄美諸島の場合は年々多くの成果が蓄積されてきている。たとえばサウチ遺跡の調査では，弥生文化の定着が証明されたし，また，カメヤキ古窯跡群の調査では，ながらくわが南島で幻の焼物とされていた須恵器の生産地がはじめて特定されるという大きな収穫をおさめることができたのであった。本書にはこれらの成果についても平明な文章でわかりやすくまとめられている。

　以上本書は，鹿児島本土の考古遺跡のみにとどまらず，広く南島の考古遺跡にも目を向け，南九州の考古学を広く，かつ正確に知ることのできる格好の書となっている。さらにそのうえ，実際に発掘調査にたずさわった人びとの苦労や苦心，悩みなどについても各項目の行間をとおして読みとることができるよう工夫され，優れた考古学の読物である。

（当真嗣一）

# 論文展望

選定委員（五十音順　敬称略）　石野博信　岩崎卓也　坂詰秀一　永峯光一

原田昌幸

## 撚糸文系土器終末期の諸問題
### ―無文土器「東山式」の設定―

物質文化　46 号
p. 1～p. 16

撚糸文系土器様式終末期には，関東地方各地で地域性の強い複数の土器型式が生成する。これらは従来から，有文土器としての大浦山式・稲荷原式・花輪台Ⅰ式の各型式群と，無文土器としての花輪台Ⅱ式・平坂式土器などが知られている。しかし文様要素の特異性から，その型式表象が比較的明瞭に理解できる有文土器群に比べ，同時期の無文土器に関する型式学的理解は，必ずしも的を得たものとは言い難い。

本稿はこうした状況を鑑み，無文土器群中，「口縁部直下に一条の沈線・段のある無文土器」が，関東地方に一時期，普遍的に分布する特色ある土器であることに着目し，これに正当な型式学的評価を加えようとしたものである。この種の土器は，以前から花輪台Ⅱ式土器の一部にその存在が知られていたが，型式表象の独自性が注目されたのは，80年代初め，東京都藤の台・埼玉県東山両遺跡の報告が契機であり，以降「東山タイプ」として研究の俎上に乗せられている。そこでまず，この手の無文土器出土例を集成してその空間分布を明らかにした上で，型式表象の消長を大旨3段階＜ａ期＞＜ｂ期＞＜ｃ期＞に細別することを試みた。その結果「東山タイプ」無文土器は，撚糸文系土器第5様式期，稲荷原式土器の型式表象の延長上に成立し，後続する無文・擦痕文土器へと続く，極めて安定した一つの土器型式であることが判明した。筆者はこれを「東山式土器」と呼称し，今後の研究に備えようとするものである。

本稿を機に，今後その型式内容が不明瞭なまま扱われている「平坂式土器」の再検討を含め，撚糸文系終末期の土器型式の流れが，総合的に論じられるようになれば幸いである。　　　（原田昌幸）

柳田康雄

## 青銅器の創作と終焉

九州考古学　60 号
p. 21～p. 40

弥生時代中期には，舶載青銅器にない青銅器の創作が始まると同時に，青銅器に材質転換するものもある。創作性のあるものとして巴形銅器や銅鐸があり，材質転換されたものとして釧や鏃がある。この小論では，とくに有鈎銅釧・巴形銅器・銅鏃について，その起源から終焉にいたる問題点を整理してみた。

有鈎銅釧は，ゴホウラ製貝釧を材質転換する際に突起部を誇張して鈎状としたもので，突起の形態がより貝釧に近いものが古式と思われる。この点から後期初頭とされていた桜馬場例は新しく，東海・南関東出土例も在来型ではない。巴形銅器は，共伴遺物から型式分類を再検討し，所属時期を明らかにした。有鈎銅釧と巴形銅器は，第1に特定個人の所有物として墓に副葬されるものと，第2に銅鐸や青銅武器形祭器の一括埋納と同じく，共同体社会の共有物であるものに大別される。第1の点は北部九州の性格を表わし，第2の点はその他の地域の性格を表わしている。これらは，中国・四国・近畿以東にも分与され，北部九州は銅剣や横帯文銅鐸のように供給を主体としている。

青銅器の終焉。北部九州の武器形祭器の埋納が，銅鐸埋納と多少違って単型式であることは，墓へ副葬されるように使用期間は1世代という短期間であった。青銅器の埋納自体が青銅器の終焉を意味しないことから，埋納の必然性を考えなければならない。武器形祭器の埋納は，中期後半に特定個人墓に副葬されたごとく，司祭者の世代交替時に埋納される。青銅器祭祀も完全に終焉を迎えるのが弥生終末頃である。青銅器の埋納は，新たな祭祀の始まりであったが，埋納されなかった青銅器があり，銅鐸の破砕である。破砕は銅鐸の機能そのものの破壊であり否定であったことから銅鐸祭祀共同体の崩壊であり，北部九州的な鏡尊重の権力支配社会に転換させられた結果である。　　　（柳田康雄）

田中和弘

## 古市古墳群における小古墳の検討

考古学研究　32 巻 4 号
p. 67～p. 95

大阪府東南部の藤井寺・羽曳野両市に跨がる古市古墳群は誉田山古墳をはじめとする大規模前方後円墳の群在で有名である。しかしそれらの間により多くの小規模古墳（規模と墳形の検討から墳丘長80ｍ以下を小古墳，以上の前方後円墳を大前方後円墳とする）が築造されていることも見逃せない。これらは従来「陪塚」と呼ばれてきた。「陪塚」は大前方後円墳に対するその小規模性ゆえ，ややもすると大前方後円墳の中に埋没しがちである。が，それらは古墳群の意義や政権の構造・質などを考えるうえで極めて貴重な存在と言える。そこで，本稿では小古墳の積極的評価の第一歩として，類型

の抽出と各類型の被葬者の検討を軸に論を進めた。

まず古市古墳群において小古墳のあり方を検討した結果，次の3類型が認められた。**併設型小古墳** 時期的並行関係にある特定の大前方後円墳に近接し，極めて計画的に配置されると共に，その規模にふさわしくない優品や多量の鉄製品などの副葬が顕著である。**独立型小古墳** 時期的に並行する特定の大前方後円墳には近接せず，独自の小墓域を持ち，一時期に複数のものが集中的に築造される。**系列型小古墳** やはり特定の大前方後円墳に近接することなく，一定の区域に累代的に築造される。

併設型および独立型小古墳の被葬者にはいずれも大前方後円墳に葬られた首長の周辺で職務を補佐・分担した人格を考える。が，両者には大前方後円墳に対する位置関係の相違のほか，墳形や規模の較差も認められ，首長の職務分担機関の多元的，あるいは重層的あり方を示していると言えよう。

系列型小古墳のあり方は近くに被葬者の出自集団の存在を想定させるもので，その被葬者には古墳の築造に使役された近在の集団の長を考えた。従来の集団に加え，他所から移住させられてきた集団もあるかも知れない。（田中和弘）

---

岩崎卓也

**古墳時代祭祀の一側面**

**史叢 36 号**
p. 15〜p. 31

---

古代史研究者の間には，二つの葬祭分化論がある。その一は，小出義治氏ら考古学者が提起したもので，葬祭分化の画期を5世紀初め頃に求める。いっぽう井上光貞博士は，沖ノ島遺跡にみる出土品などの変化に着目しつつ，6世紀末頃こそ画期だったと説いた。もとより宗教史家らは，古墳時代に神霊と祖霊とが混同されたことはなかったと，この時代の葬祭未分化段階の存在を認めない。だが，

私は葬祭合一こそ古墳の特質と考えてみた。

さて，二つの葬祭分化論は，ともに古墳副葬品と祭祀遺物との間の異同に注目する。ここで両者に深くかかわる鏡・剣・玉のあり方がクローズ・アップされる。そして検討の結果，前期古墳ではこの三者が辟邪などを目的として配された痕跡はたどれても，祭器セットとして特別に扱われたとはあとづけ得ないと考えるに至った。それゆえ祭祀具セットとしての鏡・剣・玉の源流を直接的に前期古墳に求めることはできない。

ところで，5世紀以降三種の滑石製品がかなりの確度で使用されたのは，山岳・水など自然神を対象とする民俗的祭祀の場であるのに，これと併行して行なわれた沖ノ島など国家的祭祀の場では，依然として古墳副葬品に共通する品が献具されていた。この事実は，小出氏らが説く分化の画期とは，実は民俗的祭祀の新たな定立であったことを暗示する。

いっぽう，古墳に遅れて創出された国家的祭祀の献具が，古墳の副葬品に通じるのは，この祭祀儀礼に古墳祭式の影響が濃かったと解することができる。それは古墳が単なる葬の場ではなかったことを意味する。人びとが被葬者に神性を観想したがゆえであろう。

5世紀末以降，大和王権内の身分秩序化が進行するにつれ，かつての同族的結合原理は否定の方向をたどった。それとともに葬祭一致の場であった古墳も，単なる葬の場へと回帰した。これが井上博士の画期にかかわったのであろう。

（岩崎卓也）

---

石附喜三男

**北海道考古学からみた
蝦夷（エミシ）**

**古代文化 38 巻 2 号**
p. 25〜p. 36

---

本論文は全体が1〜4に分れており，結論として要するに，「江別

式土器文化」・「北大式土器文化」・「擦文式文化」は「一系のものとして継続し」，「アイヌの祖先文化の一過程をなすものだと言う結論に達せざるを得ない」こと，および，「蝦夷と呼ばれた人々即ちアイヌ系の人々として差し支えないのではないかと考える」ことを述べる。

1では，北海道考古学の立場から蝦夷（エミシ）をどのように考えるかという課題を提起し，平安末，蝦夷が出現する以前の蝦夷について，いわゆるアイヌ説・非アイヌ説の議論にふれる。

2では，この蝦夷が，北海道との関りで史上に初見する『日本書紀』斉明紀のいわゆる「阿倍比羅夫北征」記事をとりあげ，渡嶋を北海道とみる前提に立って種々検討を加える。

3では，続縄文式文化期前半までは道南部と道東・北部と二つの文化圏に分れていたのに，同後半期（7〜8世紀）の後北（江別）式土器文化期に「北海道の文化が一つになる」が，これこそ後の「アイヌ民族の居住圏と大きく重なり合う」として，「アイヌ民族の祖先となった人々が何処かよりやって来て擦文式文化人を駆逐した」などということが考えられぬ以上，結局，12世紀まで存続した「擦文式文化人はスムーズにアイヌ民族の祖先となると考えるのが一番素直な解釈ということになる」という。なお，続縄文式文化以前にみられる二つの文化圏の差は，後のアイヌ文化の地域差に連なるものと解釈する。

4では，渡嶋の蝦夷が江別$C_2$・D 式の文化をもつ一方，猫谷地古墳など「当時の和人の文化とまったく異ならない」文物を残したのは文化的変容の結果であり，にもかかわらず北海道に東北とは異なる独特の擦文式文化圏を成立させるのは，結局「在来的伝統に根ざした地域差がやはり厳然と存在していたことによるのだ」と認めている。

（菊池徹夫）

# 文献解題

岡本桂典編

◆宗教社会史研究II　立正大学史学会刊　1985年11月　Ａ５判　634頁

タイの仏足跡信仰………坂詰秀一

東国横口式石榔考………池上　悟

古代水神祭儀・呪儀に関する墨書土器・刻書土器考一東北南部の資料を中心として一…大竹憲治

土佐の題目式笠塔婆について
　………………………岡本桂典

富士塚考………………野村幸希

◆堅穴式石室の地域性の研究　都出比呂志　大阪大学文学部国史研究室刊　1986年3月　Ｂ５判　83頁

「古墳研究における新しい視点の必要性」「堅穴式石室の研究史」「地域性」「総括と展望」よりなる。

◆上浅川遺跡第３次発掘調査報告書　米沢市埋蔵文化財調査報告書第15集　米沢市教育委員会刊　1986年3月　Ｂ５判　220頁

山形県米沢市を北流する天王川の左岸台地上に位置する複合遺跡群。縄文時代中期中葉の堅穴住居跡５棟，古墳時代の方形周溝墓１基・土坑・溝状遺構，奈良時代の官衙跡と推定される倉庫跡４棟・掘立柱建物跡12棟・大溝跡，近世の高請本百姓の屋敷跡と付随する遺構が検出されている。出土遺物は縄文中期の土器，古墳〜奈良時代にかけての土器のほか馬鍬などの木製品，近世〜近代の陶磁器が検出されている。

◆千葉県山武郡成東町真行寺廃寺跡発掘調査報告一鍛冶工房址の調査一　真行寺廃寺跡調査団刊　1985年12月　Ｂ５判　114頁

千葉県の東部成東町の北端，鏡川と木戸川に挟まれた台地上に所在する寺跡の推定金堂跡南東部に位置する鍛冶工房跡の調査報告。検出された遺構は鍛冶工房址・堅穴状遺構・土坑・住居跡などである。遺物は瓦類・瓦塔・転用硯・鉄製品・羽口・古銭などである。鍛冶工房跡の操業年代は8世紀末

〜9世紀初頭，住居跡は平安時代末と位置づけられる。墨書土器は「大寺」「武射寺」「仏工舍」などが検出されている。

◆裏宿遺跡一青梅市市営住宅建替えに伴う事前調査一　青梅市遺跡調査会刊　1985年3月　本文編Ｂ５判　83頁　資料編Ｂ５判　110頁

東京都の西部，武蔵台地の頂部多摩川左岸の段丘上に位置する遺跡。縄文時代の敷石住居跡4軒・集石跡15基・土坑，10世紀前半の住居跡4軒，中世の掘立柱建物跡9棟を検出。古銭100枚が出土しており，15〜16世紀初頭に位置づけられている。

◆大島町鉄砲場岩陰遺跡　大島町教育委員会刊　1986年3月　Ｂ５判　16頁

伊豆諸島の一島，伊豆大島の北東部万根岬の基部，侵食により生じた岩陰に存在する遺跡。検出された遺構は3ヵ所の灰層で縄文時代前期末葉から中期初頭に位置づけられる。出土遺物は黒浜式・諸磯式ｂ，ｃ式・北白川式土器など前期後半から中期初頭の土器，動物遺存体・骨製品などである。季節的な漁撈の拠点と考えられる。

◆三木だいもん遺跡　団体営ほ場整備事業（三木地区）に伴う第一次調査略報　加賀市教育委員会刊　1986年3月　Ｂ５判　20頁

石川県の最南端加賀市南西部を流れる大聖川下流笠取山の西麓に位置する遺跡の第１次調査概報。遺構は平安時代末期から中世にかけての掘立柱建物跡18棟・溝跡・土坑などで，出土遺物は舶載陶磁器類・国産陶磁器類・土師器・漆器・木製品・墨書木札・銀製飾金具などである。高山寺領加賀国右荘政所跡と推定される。

◆城願寺跡・坊ヶ入墳墓一東北電力巻原子力発電所建設計画用地内埋蔵文化財発掘調査報告書一　新潟県西蒲原郡巻町教育委員会刊　1985年3月　Ｂ５判　408頁

新潟市の南方，日本海に面する開析谷の谷口部に堆積した角海浜と呼称される海岸砂丘地に立地する遺跡。城願寺跡は角浜集落の中央部に位置し，近世村落の中で機能していた寺跡。検出された遺構は，建物跡5・石積列2・石列2・集石10・配石3・土管列2・瓦列1・瓦集積土坑1・植木鉢納入遺構1・墓・隣接民家跡3などである。出土遺物は茶椀・皿・仏具・人形・骨蔵器など陶磁器類，石臼・金属製品・木製品などである。坊ヶ入墳墓は角浜集落の南斜面，砂丘上に立地する近世墳墓群で検出された墳墓は193基，土葬墓と火葬墓にわけられる。陶製蔵骨器は肥前地方の製品が主体をなし，越前焼・古瀬戸などがある。木製品は曲物・木箱・漆器，金属製品として釘・銭・数珠玉などが出土している。

◆京都大学埋蔵文化財調査報告III一北白川追分町縄文遺跡の調査一　京都大学埋蔵文化財センター刊　1986年3月　Ｂ５判　266頁

浜田耕作により大正12年に発見された，北白川扇状地末端微高地に接する低湿地に位置する遺跡。足跡・小川・立木が検出されている。遺物は縄文時代前期から晩期の土器で，主体をなすものは中期から晩期末の土器である。

◆田村遺跡群一高知空港拡張整備事業に伴う埋蔵文化財発掘調査報告書一第1〜15分冊　高知県教育委員会刊　1986年3月　Ｂ５判　第1冊　80頁，第2冊　445頁　第3冊　521頁，第4冊　375頁　第5冊　342頁，第6冊　614頁　第7冊　580頁，第8冊　586頁　第9冊　525頁，第10冊　475頁　第11冊　239頁，第12冊　208頁　第13冊　308頁，第14冊　299頁　第15冊　326頁

高知県の中央部，太平洋に注ぐ物部川の右岸に位置する遺跡群。縄文時代後期中葉の彦崎ＫI式土

器，打製石斧を多数検出，弥生時代の竪穴住居跡群・掘立柱建物跡群・水田跡・土坑などが検出されている。出土遺物として朝鮮無文土器，分銅型土製品，方格規矩四神鏡の破砕鏡が検出されている。これらの集落は母村集落遺跡として位置づけられる。古墳時代の遺構は土坑・溝で検出遺構は少ない。8世紀後半～9世紀前半の掘立柱建物跡14棟は，荘園関係の建物跡として位置づけられている。中～近世にかけての掘立柱建物跡は溝に囲まれたものと囲まれていないものに分けられる。とくに14～15世紀の溝に囲まれた掘立柱建物跡は名主層の建物跡として考えられている。ほかに火葬墓も検出されている。近世墓は17世紀末～18世紀のもので座棺・寝棺墓がある。出土遺物は土師器・陶磁器類のほか位牌・水供養の祈禱札などが検出されている。

◆石崎曲り田遺跡―Ⅲ― 今宿バイパス関係埋蔵文化財調査報告第11集 福岡県教育委員会刊 1985年3月 Ｂ５判 185頁
1980年度に調査された水稲開始期の遺跡として著名な糸島郡二丈町曲り田遺跡の考察編。1日本における稲作の開始と発展 2紡錘車の研究 3磨製穿孔具集成 4出土鉄斧の金属学的調査（Ⅱ）などよりなる。

◆北方文化研究 第17号 北海道大学文学部附属北方文化研究施設 1985年7月 Ｂ５判 240頁
オホーツク社会のメタル・インダストリーに関する基礎的考察
………天野哲也
鳥居龍蔵―その「修業」時代―
………林 謙作
「サハリン・アイヌ」の形成過程
………大井晴男

◆福島考古 第27号 福島考古学会 1986年2月 Ｂ５判 114頁
単龍・単鳳環頭大刀の編年と系列―福島県伊達郡保原町愛宕山古墳出土の単龍環頭大刀に寄せて………穴沢咊光・馬目順一
福島県内出土の古銭（その1）―いわゆる「出土銭」を中心として―

………相原秀郎
福島県内の聖徳太子像と太子信仰―中世紀年名のある太子像を中心として―………原田文六郎
伊達郡川俣町大木戸遺跡の縄文時代早・前期土器………髙橋圭次
墨書人面土器雑考―古代東北地方の資料を中心に―……大竹憲治
玉川村岩法寺の石造五輪塔
………生江芳徳
史跡 慧日寺関係資料 Ⅳ 版木……大堀 勇・阿部照子 山野憲雄・生江芳徳
鹿角（わさづの）考―鹿角・杖・蓋・琴柱形石製品……中村五郎

◆赤い本 片倉信光氏追悼論文集 赤い本同人会 1985年12月 Ｂ５判 91頁
文様帯系統論ノート……伊藤 裕
型式の空間分布から観た土器型式………佐藤広史
縄文条痕土器群の諸段階について………相原淳一
宮城県蔵王町大山遺跡出土の弥生土器について………村田晃一
宮城県白石市五輪坂遺跡出土の石鋳………古川一明
白石市兀山遺跡の古瓦……佐々木和博・菊池逸夫
宝の峰遺跡と斎藤家……片倉信光
白石荒井縄文住居遺跡………佐藤庄吉・片倉信光

◆国立歴史民俗博物館研究報告 第9集 国立歴史民俗博物館 1986年3月 Ｂ５判 273頁
共同研究「中世荘園の現地調査―太田荘の石造遺物」
中世荘園の現地調査の意義………田中 稔
太田荘域における石造遺物の実態……波田一夫・蔵橋純海夫
荘園の現地調査と石造遺物調査………水藤 真

◆考古学雑誌 第71巻第1号 日本考古学会 1985年9月 Ｂ５判 132頁
有髯土偶小考………荒巻 実 設楽博己
古墳時代の木製刀剣鞘装具………置田雅昭
京都・花背別所経塚群の経筒と紙本経………難波田 徹

樺太先史土器管見（Ⅰ）―ハンツーザ貝塚出土土器を基礎として―………山浦 清
古墳等埋蔵環境の微生物学的研究………新井英夫
北海道北見市広郷8遺跡のナイフ形石器………宮 宏明
北海道留萌市出土の星兜鉢および杏葉残欠について……福士廣志

◆考古学雑誌 第71巻第2号 日本考古学会 1986年1月 Ｂ５判 132頁
後期畿内政権論………川西宏幸
飛鳥京域論の検証………井上和人
遼西地域における夏家店下層文化―夏家店下層文化考・1―………千葉基次
青森県平舘村今津遺跡出土の鬲状三足土器…新谷 武・岡田康博
須玖永田遺跡出土の銅鏡鋳型………春日市教育委員会

◆物質文化 第45号 物質文化研究会 1985年8月 Ｂ５判 80頁
現代物質文化と考古学…西藤清秀
修行窟小考………時枝 務

◆物質文化 第46号 物質文化研究会 1986年2月 Ｂ５判 53頁
撚糸文系土器終末期の諸問題………原田昌幸
丘陵地帯に展開する古代集落の一様相………水口由紀子

◆貝塚 第36号 物質文化研究会 1985年11月 Ｂ５判 20頁
土器文様の変化の類型化について………中島庄一
人面鐙瓦小考………大竹憲治

◆史叢 第36号 日本大学文理学部内日本大学史学会 1986年2月 Ａ５判 108頁
古墳時代祭祀の一側面―いわゆる祭と墓の分化をめぐって―………岩崎卓也
竪穴住居の出現とその普遍性について―縄文時代草創期後半を中心として―………野中和夫
縄文晩期中葉における不定形石器の認識………町田勝則

◆専修考古学 第2号 専修大学考古学会 1985年5月 Ｂ５判 94頁
伊勢原市小金塚古墳調査報告

◆法政考古学 第11集 法政考古

学会　1986年3月　Ｂ5判　128頁
亀ケ岡文化期における葬制―秋田県内の遺跡例を中心として―
……本田嘉之
異形台付土器からみた千葉県印旛沼南岸域の遺跡分布について
……大津誠司
東北地方における出現期古墳の様相……石川隆司
古墳時代前期の竪穴住居址における土器の大量廃棄について―東京都日野市平山遺跡第13次調査の事例分析を中心に―
……高梨　修
奈良時代集落の一断相―丘陵地における集落実態―……鶴間正昭
Lindow Man……阿部朝衛
◆長野県考古学会誌　第50号　長野県考古学会　1986年2月　72頁
考古学的研究による信濃の古代史……一志茂樹
鷲風虫鎮呪儀の世界……水野正好
長野県の弥生時代住居址にみる地域性と時代性……神村　透
鉄鐸の新資料について
……神澤昌二郎
長野県の中世集落跡について
……鋤柄俊夫
◆信濃　第37巻第11号　信濃史学会　1985年11月　Ａ5判　190頁
中部高地の楔形細石刃核
……森嶋　稔
縄文中期土器「平出第三類Ａ」の系譜再論……林　茂樹
◆信濃　第37巻第12号　1985年12月　Ａ5判　80頁
信濃国分寺址出土の蕨手文鐙瓦の研究……村上和夫
天竜川流域における唐草文土器の検討―器形を中心として―
……小林宇壱
◆研究紀要　第2号　山梨県立考古博物館　山梨県埋蔵文化財センター　1985年12月　Ｂ5判　93頁
山梨県下の先土器時代資料の検討―1―……保坂康夫
所謂円錐形土偶に就て
……小野正文
石剣考―中部・関東を中心とした出土状況から―……新津　健
甲斐における弥生文化の成立
……中山誠二

辻金具・雲珠考………坂本美夫
◆古代文化　第38巻第1号　古代学協会　1986年1月　Ｂ5判　46頁
古代韓日甲冑断想………鄭　澄元
　　　　　　　　　　　申　敬澈
◆古代文化　第38巻第2号　1986年2月　Ｂ5判　48頁
北海道考古学からみた蝦夷（エミシ）……石附喜三男
◆古代文化　第38巻第3号　1986年3月　Ｂ5判　48頁
円智（平親範）の埋経について
……三宅敏之
縄文時代晩期の部分磨製石鏃について……斎藤基生
◆橿原考古学研究所紀要考古学論攷　第11冊　奈良県立橿原考古学研究所　1985年12月　Ｂ5判　116頁
中国中小古城布局的歴史風格
……鄭　孝燮・菅谷文則訳
飛鳥時代の古墳の地域性―特に大和，河内を中心として―
……林部　均
大和における大型古墳の変遷
……関川尚功
◆古代を考える　第39号　古代を考える会　1985年12月　Ｂ5判　48頁
三世紀の東アジアと日本
三角縁神獣鏡の性格について
……樋口隆康
三世紀の中国と日本
……西嶋定生
◆古代を考える　第40号　1986年2月　Ｂ5判　48頁
鹿の子Ｃ遺跡の検討
鹿の子Ｃ遺跡の調査について
……川井正一
鹿の子Ｃ遺跡とその歴史的背景
……西山良平
◆島根県考古学会誌　第2集　島根県考古学会　1985年11月　Ｂ5判　142頁
西山陰における横穴墓の受容（上）……門脇俊彦
浜田市めんぐろ古墳出土の須恵器について……川原和人
法勝寺流域および日野川下流域における横穴式石室とその系譜
……角田徳幸

＝シンポジューム＝　荒神谷遺跡の銅剣をめぐって……（編集子）
荒神谷遺跡の銅剣発掘調査
……足立克己
銅剣研究の現状と課題
……岩永省三
出雲の弥生文化………東森市良
荒神谷遺跡の意義と今後の考古学研究………山本　清
江津市空山1号墳出土の土器
……柳浦俊一
益田市四塚山古墳群出土の三角縁神獣鏡………村上　勇
八束郡八雲村出土の舶載鏡雑感
……宮本徳昭
土師質土器を伴う石鉢について
……三宅博士
◆史学論叢　第16号　別府大学史学研究会　1986年2月　88頁
古代の発火技法に関する研究―樹種別発火率について―
……副枝幸治ほか
古代の発火技術―モミギリ式発火法―……宇都宮英二ほか
刀創の見られる人骨について
……坂田邦洋
◆九州考古学　第60号　九州考古学会　1986年1月　Ｂ5判　160頁
九州における彫器の研究（1）
……小畑弘己
青銅器の創作と終焉……柳田康雄
竪穴式家屋の一研究―建築史からの接近………山本輝雄
伝世鏡と副葬鏡………高橋　徹
北部九州におけるいわゆる山陰系土器………常松幹雄
筑前の小規模墳墓出土土器の検討……川村浩司
福岡県朝倉郡八並窯跡群出土の祭祀遺物………中村　勝
八代市鼠蔵古墳群の研究
……池田栄史
江原道鰲山里新石器遺跡発掘成果について……任　孝宰
九州大学考古学研究室所蔵の伝小屯北地出土灰陶豆について
……鈴木　敦
福建過眼録（二）………三島　格
アメリカの考古学：古典考古学とニューアーケオロジー
……林田憲三

# 学界動向

「季刊 考古学」編集部編

―――――――九州地方

**大野城から７世紀の石垣（石塁）**
九州歴史資料館が発掘調査を進めている朝鮮式山城・大野城の大宰府口の城門跡から，城門と土塁をつないだ７世紀後半とみられる石垣がみつかった。現場は四王寺山（410m）山頂近くにある焼米ヶ原から南へ約200m下ったところ。石垣は城門跡から東へ約５m，西へ約10mで土塁につながっており，高さはいずれも約３m，幅６m。石垣は拳大の石から30cm四方の石を積み重ね，所々に修理した跡が認められる。これまで城門は水城口と坂本口の２ヵ所でみつかっているが，配置などは明確でなく，今回の大宰府口の城門と土塁をつなぐ石垣の発見は大野城の構造を解明する上で重要な手掛りとなった。

**土壙墓？から小銅鐸**　福岡県嘉穂郡嘉穂町教育委員会が発掘調査を進めている原田（はるだ）遺跡（同町馬見原田）から全国でも最小の小銅鐸が出土した。この小銅鐸は高さ約5.5cm，最大幅3.1cmで，下部に斜格子状の文様があり，重さは30g。胴部には，鋳造する際に青銅が十分に回らずにできたとみられる穴が２ヵ所あいていた。さらに長さ３cm余りの舌や管玉20点も一緒に出土した。弥生時代中期中葉のカメ棺墓によって遺構の一部が切られていることから，小銅鐸はこれ以前のもので，九州銅鐸起源説の有力な証拠になるものと注目されている。

―――――――中国地方

**弥生中期の鉄鏃**　山口県豊浦郡豊浦町川棚の向日山遺跡で豊浦町教育委員会・山口県埋蔵文化財センターによる発掘調査が行なわれ，県内でも最古に属する弥生時代中期の鉄鏃が発見された。同遺跡は約100m²の細長い丘陵地で，住居跡２軒と袋状ピット群，組合式箱式石棺１基があり，標高50mの比較的高所に営なまれた集落跡である。ピットは深さ２m前後の４基を含む大小16基あり，中から鉄鏃１点のほか約1,000点の土器片が出土した。この遺跡の南西約200mには鎌倉時代の山城跡があり，建物跡と空堀跡がみつかった。

**白鳳期の寺院跡**　広島県立埋蔵文化財センターが発掘調査を進めている広島県高田郡吉田町中馬の明官地廃寺跡で瓦積みの建物基壇や軒丸瓦などが出土し，白鳳時代の寺院跡であることがわかった。今回の調査は一昨年の試掘調査で基壇の一部や奈良三彩などが出土したことから，寺の全体像を解明するために行なわれたもので，文化庁の補助金をうけ５ヵ年計画で実施される。第一次調査の結果，南北18m，東西16m以上の講堂跡とみられる瓦積み基壇の一部や礎石の置かれた痕跡３ヵ所，多量の布目瓦に混じって水切のある単弁蓮華文軒丸瓦１点，鴟尾片２点，須恵器の脚付盤の獣足３点，墨書土器１点などが出土した。とくに水切のついた軒丸瓦は奈良・山田寺出土の軒丸瓦を標式とする山田寺式の軒丸瓦に水切がつくもので県内でも最古の寺院の１つと推定される。

**弥生後期の四隅突出型方形墓**
庄原市高町の佐田谷墳墓群で広島県埋蔵文化財調査センターによる調査が行なわれ，１号墓の全容があきらかになった。南辺の一部は崩れているものの，東西19m，南北14m，高さ２mの長方形で，東辺を除く各辺には溝が存在する。北辺および東辺の一部の斜面には列石と４～５段の貼石を施しており，西隅を除く各隅は盛土・列石などによって突出している。墳頂には４基の埋葬施設があり，中央に位置するものは木棺・木槨を安置した二重構造であることを確認した。上面には多量の弥生時代後期前葉の土器が小円礫とともに出土し，掘り方の周囲には墓標石と思われる円礫を配置している。なお，他の埋葬施設はいずれも木棺を安置しており，上面には供献土器・墓標石をもつものもある。このように本墳墓においては中央に位置する埋葬施設が他と比べて著しく卓越しており，地域集団の首長的性格をもった人物を埋葬した可能性が強く，当時の墓制を考える上で良好な資料を示しているといえよう。

**２段築成の終末期古墳**　山陽自動車道建設に伴って岡山県古代吉備文化財センターが発掘調査を進めている倉敷市二子の二子14号墳が古墳時代終末期（７世紀中頃）の方墳であることがわかった。同墳は標高81mの丘陵南斜面を削って築かれた古墳で，墳丘は２段。下段は13.4m×11.8m，高さ1.2m。上段は7.6m×7.4m，高さ0.8mで斜面には石を葺いている。墳丘中央の横穴式石室は全長7.6m，木棺を納めていた玄室は長さ3.4m，幅1.3m，高さ1.3mで，石室内は盗掘されていたが出土した須恵器４点と石室の構造から終末期の古墳であることがわかった。

**製鉄関連遺構をセットで発見**
津山市教育委員会は津山市金井の一貫西遺跡（弥生～中世）を発掘調査し，７世紀から８世紀へかけての炉壁や鉄滓捨て場跡，建物跡など製鉄の関連遺構をセットで発見した。これまでに発見されたのは製鉄遺構１基のほか，竪穴住居跡１，鍛冶作業場と思われる建物跡６，柱穴列と焼土面のみられる段状遺構など９ヵ所，廃滓捨て場跡である。捨て場は炉壁，鉄滓が長さ14m，幅6.5mの範囲にわたって確認された。厚さは平均50

# 学界動向

cmを測る。また段状遺構からは吹子の羽口も数点出土した。現場から出土した須恵器壺や杯からみて，7世紀初頭から約100年間にわたって製鉄が行なわれていたものと推定される。

―――――――四国地方

**列石状遺構と箱式石棺**　徳島県教育委員会が発掘調査を行なっていた徳島市八万町向寺山の「文化の森」建設地内の向寺山古墳で，古墳時代中期の箱式石棺2基と列石状の遺構が発見された。現場は園瀬川に面する標高約21mの尾根上で，石棺のほかには年代を裏づける副葬品はなかった。石棺はほぼ直角に交わった形で配置され，いずれも緑泥片岩製。1基は長さ195cm，幅30〜40cmで，蓋石は長さ1mの板石と14枚の小さな板石を組み合わせており，蓋石の上には積み石が厚さ30cmくらいにおおっていた。もう1基は長さ190cm，幅55cmで，4枚の蓋石と南側の板石6枚が残っていただけで，ほとんど原形をとどめていなかった。板石の周囲に側石を施した二重構造のもの。このほか近くから小石を3段ほどに長さ2mにわたって積み上げた列石状の遺構も発見されたが，これは弥生時代からの墓制を引きついだものと推定されている。

―――――――近畿地方

**芦屋で大型古墳の一部発掘**　芦屋市の住宅街のマンション新築現場で須恵器や埴輪の破片がみつかったことから，芦屋市教育委員会による発掘調査が行なわれ，全長80mクラス程度と推定される当地方では比較的大きな前方後円墳の一部が発見された。5世紀後半の築造とみられているが，これまで全く知られていない古墳の発見は注目される。現場は同市打出小槌町32で，打出小槌古墳と名づけられた。この東約150mには5世紀後半の金津山古墳（直径44mの円墳）がある。調査の結果，地表下約30cmに拳大から人頭大までの花崗岩製の葺石約3,000個が約30mにわたって2m幅でびっしり並べられていた。これと平行して走る幅5.5mの周濠（深さ1m）の中から人物・家・動物・蓋・盾・靫などの形象埴輪や10数個体分の円筒埴輪もみつかった。これらのことから，古墳のどの部分かまだ特定できないが，重要な位置と規模を誇る首長墓の一つとして今後注目されよう。

**奈良時代の邸宅跡**　奈良市大宮町のNTT奈良体育館建設用地の調査を行なっていた奈良県立橿原考古学研究所は，先ごろ奈良時代の三時期にわたる邸宅跡と大量の製塩土器を発掘した。現場は平城京左京三条四坊十二坪にあたり，太安萬侶の住居があった場所の北側。検出された建物跡は各時代2〜3棟あり，奈良時代前半，同後半，同末期の三時期にわかれる。末期の建物跡が最も大きく，南北4.8m，東西13.5mの3棟が並んで建っていた。また後期から末期に捨てられた大量の製塩土器片は，復元すると口径10cm，高さ20cmの砲弾型が中心で，300個分はありそう。和歌山市周辺で作られ，「調」として平城宮に送られてきた焼き塩をこの中に入れたとみられる。平城京内では最も多い出土例。NTTでは設計変更して保存することになっている。

**平野部から方形台状墓？**　埋蔵文化財天理教調査団が発掘調査を続けている天理市別所町の別所裏山遺跡で弥生時代と古墳時代の遺構が発見され，さらに方形台状墓とみられる溝が含まれていることがわかった。現場は天理教教祖墓地の西方で，標高100m前後の丘陵上。木棺直葬と推定される後期の小円墳4基と弥生時代後期の竪穴住居跡6軒などが発見された。方形台状墓とみられる遺構は竪穴住居跡の1軒と重複してみつかり，時期は3世紀。幅1.4m，深さ1mの溝がL字形に曲って長さ約5mにわたってみつかった。東西14m，南北10mの範囲を溝で画した，平野部では珍しい方形台状墓の可能性が強い。

**葛城山麓から群集墳**　奈良県立橿原考古学研究所が発掘調査を行なっていた奈良県北葛城郡新庄町寺口の平岡西方古墳群で，5世紀後半から6世紀末にかけて築造された横穴式石室墳46基が発掘された。すべて円墳で，凝灰岩製の組合式石棺，小型の石棺や木棺などがおさめられており，また副葬品には朝鮮半島の技術を伝える鏡板付轡や半島から持ち込まれた鋳造鉄斧のほか，長さ23cmのヤットコや金槌などの鍛冶用具もみつかった。金槌は鉄製の頭部のみで幅10cm，中央には柄を入れる穴があり，木質部分も残存していた。葛城山麓は忍海鍛冶部（おしみのかぬちべ）という冶金，鉄工に従事した集団が根拠地としていたところで，近くにある「忍海」という地名の存在や，鍛冶用具や鉄滓の出土から，忍海氏に関連した集団の墓ではないかとみられている。なお同古墳群には計170基以上の古墳が群集しているとみられている。

**弥生期の環濠集落跡**　京都府長岡京市長法寺南野の長法寺遺跡で長岡京市埋蔵文化財センターによる調査が行なわれ，弥生時代の環濠集落跡が発見された。濠は東西約10mにわたって検出され，東端で幅3m，深さ1.1m，西端で幅1.5m，深さ0.65mで断面は逆台形をなしている。濠中から弥生時代中期から後期にかけての土器

が大量に出土した。この濠の北側に堅穴住居跡5軒と土壙が集中して発見され，環濠集落とみられる。堅穴住居はいずれも弥生時代中期と後期のもので，円形プラン3軒と隅丸方形プラン2軒が含まれている。うち残りのよい1軒は直径8m，六本柱をもち，中央の炉から屋外へ排水用の溝がのび，火災で焼失した跡があった。また土製紡錘車も2点出土したが，110〜180gの重量がある大きなものだった。

**耳塚に2基の横穴式石室** 京都市埋蔵文化財調査センターが発掘調査を行なっていた京都市伏見区醍醐内ヶ井戸町の醍醐耳塚古墳で，本来の横穴式石室以外に墳丘の西側でもう1基小ぶりの横穴式石室が発見された。耳塚は直径約25m，高さ3mの円墳で，築造されたのは後期の6〜7世紀。本来の横穴式石室は大半削られていたが，一部残っていた根固め石などから南面した両袖式のもので，全長8m，玄室は長さ4.5m，幅1.8mの規模と推定された。副葬品には馬具片，刀の鐔，装飾付須恵器片などがある。さらに墳丘の西側にトレンチを入れたところ，北西に入口がある予想外の横穴式石室がみつかった。全長3.5m，幅1mの無袖式で，半世紀ほど後代の時期が考えられることと，規模も主体部に比べて小さいことから，首長クラスの人物が埋葬された後に，その子孫などの人物が埋葬されたと推定される。

**4世紀初めの古墳** 京都府城陽市寺田大谷の芝ケ原古墳群で発生期とみられる古墳が発見され注目を集めている。この古墳は13基分布している芝ケ原古墳群中の12号墳で，半壊しているが，方墳に突出部のつくもので，現在の規模は南北約22m，東西約18m，高さ2〜2.3m。主体部は長さ2.3m，

幅0.7mあり，朱塗りの組み合わせ木棺を埋葬した跡があった。出土品は木棺跡の北端にまとまって残されており，死者の頭部付近に副葬されていたらしい。出土品は車輪石形銅製品2点，銅鏡のほかにガラス製小玉約1,300点，硬玉製勾玉8点，碧玉製管玉187点，鉇などがある。また主体部の上からは弥生時代から古墳時代へかけての庄内式土器の壺，高杯の破片がみつかり，弥生時代から古墳時代へかけての過渡期の墳墓であることがわかった。古墳の起源を探る上で重要な発見とみられている。車輪石形銅製品はいずれも外径12.9cm，内径6.1cm，厚さ0.1〜0.2cmで，両面に放射状の細かい筋文様を施し，周囲に突起列がある。古墳時代の車輪石の祖形をなすものと考えられる。また銅鏡は直径12cmで仿製品。

**福知山城から地鎮具？** 福知山市内記の福知山城本丸御殿跡広場の中央で，水道管埋設工事中に和鏡や竹筆状竹製品，古銭などが入った丹波焼の壺がほぼ完形のまま出土した。壺は14世紀の南北朝時代のもので，高さ42cm，最大径34cmで地表から深さ70cm，直径1mの穴を掘り，平らな石板数枚で蓋をして埋めてあった。壺の中には一番底に直径9.5cmの鉄製双雀菊花文鏡1点が置かれ，その周囲に先端部を砕いて繊維質の筆状にした竹製品20本が立てられ，さらに7世紀から15世紀にかけての開元通宝や朝鮮通宝などの古銭約50種，950枚が納められ，その上に刀1本（柄部のみ）が置かれていた。秩序正しい置き方から新しいタイプの地鎮具とみられるが，壺が埋められたのは室町時代中期と推定されることから，福知山城築城以前存在した中世の山城もしくは寺院に関連する遺物であろう。

**弥生中期〜平安の集落・墳墓跡** 滋賀県伊香郡高月町教育委員会が発掘調査を進めている同町高月の高月南遺跡で大規模な集落跡と多量の玉類などが発見された。昭和12年に同遺跡から出土した古墳時代の子持勾玉は重要文化財に指定（京都国立博物館蔵）されているが，現在までの調査で，堅穴住居跡約150軒以上と方形周溝墓70基以上が検出された。とくに古墳時代の堅穴住居跡では土師器・須恵器とともに玉類や鏡の土製模造品（直径4cm），有孔円板，鉄滓，製塩土器などが出土した。住居跡は最大10m四方，最小5m四方で，玉類には勾玉，管玉，臼玉，ガラス玉などが含まれ，計120点以上。近くの高時川の水を利用した農耕が行なわれ，それに伴う祭祀具と考えられる。

──────中部地方

**古墳中期の割竹形木棺** 福井市教育委員会が発掘調査を続けている福井市中山町の中山古墳群中の中山2号墳で，長さ3.1m，幅65cmの割竹形木棺が発見され，出土した副葬品から古墳時代中期に築造されたものと推定されている。古墳は直径22mの円墳で，この古墳の北側には前方後円墳の中山1号墳がある。主体部の棺の外から鉇（長さ約20cm）1本と高さ約30cmの土師壺が，また盗掘壙内から銅鏃2点と鉄鏃1点，さらに墳丘部から長さ6cmの鋤先がみつかった。

**生産窯を示す押印** 加賀市教育委員会が発掘調査を進めている加賀市三木町の右の庄の政所跡と推定されている三木だいもん遺跡で大甕の破片が出土，生産した窯を示す押印があったことから，生活遺跡から出土した陶器で生産地が断定できる貴重な資料となった。この大甕は14世紀末の加賀古陶

**105**

# 学界動向

で，復原推定値は直径55cm以上，高さ55〜60cmとみられている。この肩の下の部分に格子と三つの菊花紋の三輪菊花紋が押されており，この紋様は小松市那谷町のカミヤ古窯跡から出土した陶器のものと一致することから，同窯で生産したことがわかった。またその後の調査で中世の総柱式建物としてはわが国でも最大級の5間×8間（11.1m×20.2m）の建物跡が出土し，その中心柱穴から地鎮祭を示すと考えられる土師皿と墨書礫が発見された。さらに昨年発見された銀製飾金具に続いて今回も銅製飾金具が出土，いずれも13世紀中頃のもの。そのほか，幼児用の木棺墓や鯉型木製品，各種の漆器，下駄，オリ（餅や菓子を入れる箱）などが発見された。

**沼津で上円下方墳** 沼津市足高の清水柳北遺跡で静岡県でも初めての上円下方墳が発見された。工業団地の建設に伴って沼津市教育委員会が発掘していたもので，新たに確認された4基の古墳のうちの1基に8世紀初頭の上円下方墳が含まれていた。下段は一辺約12m，高さ約1m，上段は直径約9m，高さ1m弱で，2段の石積みが巡らされている。周囲には周溝（幅2m，深さ0.8〜1m）が巡っていたが，石室はなかった。

**縄文中期の完形土偶** 茅野市教育委員会が発掘調査を行なっている市内米沢の棚畑遺跡で縄文時代中期前半から後期初頭にかけての住居跡約60軒が確認された。住居跡は中期中葉から後半にかけてのものが大部分で，台地の中央部を取り巻くように縁辺部に馬蹄形に並んでいる。遺物には大量の土器と石棒，石皿，土偶5点，眼の入っていない顔面把手，土鈴，硬玉製磨製石斧，飾り玉などがあった。とくに中期藤内期の土偶は妊娠した女性をあらわしており，高さ7

cm，底部幅4.5cm。胴部分は三角形の中空で，透し彫りがされている。欠損部分はなく完形のままで出土した。

**縄文中期の環状集落** 長野県諏訪郡富士見町教育委員会が発掘調査を行なっている同町烏帽子の居平遺跡で縄文時代中期後半のピット80余基が発見された。ピット群は長径約17m，短径約15mの長円状の中央広場を囲んで並んでおり，長径1〜1.2m，短径60〜70cm，深さ30〜70cmとさまざまの大きさがある。広場に沿って直径30cmほどの柱を立てたとみられる穴が等間隔に5ヵ所あり，また広場の入口にあたる門柱のような穴も発見された。ピット内からはヒスイ製の玉6点が出土したが，この中には長さ6cm，幅2.5cmの大珠も含まれている。このほか，中央広場の外側に高床式倉庫が13棟と小型の住居跡（直径2.2m）1軒がみつかった。

**釈迦堂遺跡群から鉄製人形** 山梨県立埋蔵文化財センター一宮分室が整理作業を進めている釈迦堂遺跡群釈迦堂地区（東山梨郡勝沼町）の遺物の中から8世紀中頃の鉄製人形6点が発見された。人形は約8cmの大きさで，いずれも錆びついているため，保存処理とレントゲン撮影を依頼することになった。最初は釘か金具とみられていたもので，図面によると出土した場所は人目につかない小さな谷底にあった土壙（1.4m四方）。鉄製の人形は平城宮跡から出土しているくらいのもので，奈良時代の特殊な信仰の形態を探る上で貴重な資料になるとみられる。

──────────関東地方

**相模国分寺の回廊跡** 神奈川県海老名市国分の国指定史跡相模国分寺跡で回廊遺構を裏づける瓦片や石が多数出土した。今回調査さ

れたのは中門からやや西へ向かった民有地。海老名市教育委員会が開発許可にあたって発掘調査の条件をつけ，土地所有者の依頼で桜美林大学の考古学研究部と縄文文化研究会でつくる「相模国分寺遺跡調査団」（団長・渡辺勲桜美林大学講師）が発掘を行なった結果，屋根瓦（平瓦，丸瓦片）約2,500点と雨垂石など多数が出土し，伽藍配置からみて西側の回廊があった場所と推定された。瓦片は2層になって埋まっており，上層は火をうけていることから，最初の回廊は自然崩壊，再建された回廊は火災で消失した可能性が大きい。さる昭和40年，41年には国，県，市の合同調査が行なわれ，法隆寺式伽藍配置であることが確認され，回廊・築地は東西160m，南北123mであることがわかっている。市では同遺跡の歴史公園化を進めているが，西側回廊部分は民家が建ち並んでいる。

**郡衙跡から銅印や墨書土器** 鹿島郡衙跡として知られる神野向遺跡の第六次調査が茨城県鹿島郡鹿島町教育委員会によって行なわれ，銅印や多数の墨書土器が発見された。今回の調査では郡衙域の確認と付属施設の調査が目的とされたが，郡庁東側地区で想定域の外側から掘立柱建物跡10棟が発見され，外郭は推定以上に広がっていたことがわかった。この掘立柱建物群と竪穴住居跡からは約250点の墨書土器が出土，「鹿厨」「厨」「館」などの文字が認められた。また掘立柱建物群から出土した銅印は高さ3.6cm，幅3.3cm四方の大和古印とよばれるもので，「福」という漢字が刻まれていた。平安時代のものとみられる。

**古墳周溝内から石棺** 常陸太田市教育委員会が発掘調査している常陸太田市瑞竜町熊ノ堂の瑞竜古墳群（5基）のうちの1基で，主

体部のほかに周溝内からも石棺が発見され注目されている。同古墳群は里川の右岸台地上にあって，調査されたのは直径約10mの小さな円墳。6世紀末から7世紀初頭に位置づけられる。主体部の石棺は長さ140cm，幅30cmの小さなもので，人骨や鉄鏃10本と刀子1口が出土した。さらに周溝内からみつかった石棺は長さ180cm，幅45cmと大きく，内部に推定身長155cmの人骨が残っていたものの，副葬品は全くみつからなかった。二人の被葬者の関係が興味深い。なお古墳の周辺から復元可能を含む円筒埴輪片が出土した。

──────────東北地方

**7世紀の金銅装飾弓** いわき市教育文化事業団が発掘調査を進めている同市小川町上平字小申田の小申田（こさるだ）横穴群で，黒漆塗の木質部に飾金具をつけた金銅装飾弓の一部が発見された。この弓は奥行2m，幅1.6mの台床を有する横穴から出土したもので，弭を含む27cmと4.8cmの両端部。上端部は木を刀状に削り，銅板に金メッキを施した金銅板を叩いて成形し，先端にかぶせてある。その下には円形の細い輪と波状文の縁金具がつき，そこから弓に打ち込んだような金銅製の両頭金具が4個約5cm間隔で並んでいた。復原長は約1.5mと推定され，木質部分に金具がついたままの発見は初めての例。年代は大化の薄葬令前の7世紀前半とみられている。同横穴群はこれまで43基が確認されているが，そのほか多数の勾玉や棗玉・切子玉・ガラス玉，直刀，青銅製釧，鉄製手斧，土師器，須恵器片なども出土した。

**炉跡を囲む石器群** 前期旧石器時代の遺跡として注目されている宮城県古川市清水三丁目馬場壇の

馬場壇A遺跡の第4次発掘調査が終了した。今回の調査は昨年発見された第20層が熱ルミネッセンス法やフィッショントラック法などによって14万年前と推定されたことから，さらにその地層での生活の痕跡をたどろうと東北歴史資料館が石器文化談話会などと共催で作業を進めたもの。その結果，東西18m，南北15mにわたって5カ所の石器集中地点が広がっており，浅い沢を馬蹄形に取り囲んで1カ所20〜30点ずつ出土した。昨年発見された炉跡はその1カ所の中心にあった。それぞれの単位で獲物の解体や調理，道具作りなどが行なわれていたものとみられる。さらに約15〜20万年前とみられる岩出山軽石層の下の粘土層（第30層）から長さ約7cm，幅約5cmのハンマーストーン1点が発見された。さらにその下の層（32，33層）からは先に石器3点が出土している。これらは同県の中峰C遺跡最下層の石器群とともに日本最古のものである。

**奈良・平安期の集落跡** 仙台市教育委員会が発掘調査を進めていた同市大野田の元袋III遺跡は奈良，平安時代の集落跡であることがわかった。発見されたのは奈良時代と平安時代初期の住居跡計6軒，掘立柱建物跡5棟のほか，幅30m以上の河川跡で，川は近くを流れている笊川の古代の川筋とみられる。また近くの土坑から土師器が出土し，うち5点に「太」の文字が墨書されていた。「太」の意味については不明である。

──────────北海道地方

**縄文晩期の土製仮面** 千歳市真々地4丁目のママチ遺跡で北海道埋蔵文化財センターによる発掘調査が行なわれ，縄文時代晩期の土製仮面がほぼ完全な形で発見された。ママチ遺跡では樽前C降下軽

石層（B.P.2300年頃降下）をはさんだ上下の腐植土層から遺物が出土しているが，土製仮面は上の第I黒色土層（地表下1.5m）からみつかった。大きさは縦18cm，横18.5cm，両眼と口の部分がくり抜かれ，耳の上下両端に直径5mmの穴があいて紐を通すことができる。顔立ちは，鼻が高く，非常に端正である。また，土製仮面の下から発見された墓穴からは，黒曜石製のナイフ，石鏃，多量のフレイクのほか人の歯も確認されている。土製仮面は全国で20数例あるが，マスクとしての使用が考えられるものは数例しかない。しかもこれまでよりも精巧で大型化しているのが特徴。同遺跡の調査は，過去に2度（昭和45，56・57年）行なわれ，今回は3度目。3回の調査成果を加えると竪穴住居跡8（擦文4，縄文晩期2，縄文中期2），土壙墓32以上（縄文晩期），貯蔵穴などを含む土壙1,237（縄文中〜晩期）となり，遺物は30万点に達する。遺物は縄文晩期の土器片が大部分を占めるが，同期の装身具，黒曜石の棒状原石，矢柄研磨器，多量の焼獣魚骨など注目すべきものが多い。

──────────学会・研究会ほか

**「器の起源」展開催** 旧石器から縄文時代初頭の出土品を中心にさらには縄文前期〜中世の土器や漆器・民具を補って器の歴史をたどるかながわの遺跡展「器の起源─主として縄文土器の起源を求めて」が10月13日より25日まで，神奈川県立埋蔵文化財センター（横浜市南区中村町3─191─1）で開かれている。展示されているのは神奈川県寺尾遺跡出土ナイフ形石器，横浜市花見山遺跡出土の隆線文土器，埼玉県寿能遺跡出土の条痕文土器，横須賀市夏島貝塚出土の夏島式土器など。

# ■第18号予告■

## 特集　考古学と文字資料

1987 年 1 月 25 日発売
総 108 頁　1,500 円

考古学と文字……………………坂詰秀一
考古学と文字資料
　銘辞学とその周辺………………角田文衞
　木簡研究の意義…………………直木孝次郎
　墨書土器研究の意義……………斎藤　忠
　文字瓦研究の方法………………大川　清
　古代金石文資料考………………石村喜英
　板碑にみられる銘文の解釈………服部清道
文字資料研究の現状
　木　簡…………………………今泉隆雄
　漆紙文書………………………平川　南
　墨書土器………………………玉口時雄
　箆書土器………………………佐藤次男
　鉄剣銘…………………………福山敏男

鏡鑑銘……………………………笠野　毅
墓誌銘……………………………前園実知雄
経筒銘……………………………関　秀夫
印　章……………………………木内武男
硯………………………………水野和雄

＜連載講座＞　日本旧石器時代史　4
　………………………………岡村道雄
＜調査報告＞　日野市落川遺跡……福田健司
　静岡県神明原・元宮川遺跡
　………………………………栗野克己
＜書　評＞
＜論文展望＞
＜文献解題＞　　　　＜学界動向＞

---

## 編集室より

◆日本の考古学は縄文文化を中心に発展してきたといわれます。それが証拠に，その他の時代と比較して少なからず本の動きがよいように思われます。しかも土器学といわれるほど，土器の形式がその中心として多くの諸論を展開してきたのを考えるとき，いま，その原点にもう一度立ってみるのにもっとももいい時期のように思われます。なぜなら発掘されるおびただしい遺跡は，かなり多くの発見を積みあげているからです。そしてまた，諸科学の発達は研究の新方向を示唆してもいるからです。　（芳賀）

◆土器は編年の基準となるものであり，その重要性はすでに多くの先学によって説かれてきたところであるが，本特集では改めてそれが強調されている。編年研究は地味な仕事であり，また微に入り細に入るといった性格のものであるが，しかし今後とも日常の積み重ねが必要とされることはいうまでもない。　（宮島）

本誌第16号「豪族居館が語るもの」において，註4）『成沢遺跡発掘調査概要』，図3は未公表のもので，調査担当の栃木県文化振興事業団に対しお詫びするとのむね，執筆者の小笠原好彦氏より連絡がありました。
（雄山閣出版編集部）

---

**本号の編集協力者──小林達雄**（國學院大學教授）
1937 年東京都生まれ，國學院大學大学院博士課程修了。『日本原始美術大系 1 ─縄文土器』『縄文土器』（日本の美術 145）『縄文土器 I』（日本の原始美術）『縄文文化の研究』「原始集落」（日本考古学 4）などの著書・編集がある。

---

### ■ 本号の表紙 ■
#### 人面画付き縄文土器

　浦和市馬場小室山（ばんばおむろやま）遺跡から出土。高さ 14.8 cm ほどの粗製深鉢形土器で，正面中央に大きく人面を描いている。顔の輪郭は太い沈線で描き，眉・鼻を隆線で表わし，目・口を浅くえぐり，眉毛・まつ毛・口ひげを刺突で，ひげをヘラ切りで表わしている。また顔の左側には，唐草状の沈線でなびく髪を描いている。精製土器には見られないおおらかな表現は注目される。この土器は長径 4.40 m，深さ 2.60 m という大土壙から 30 個を超える土器（大部分は粗製深鉢）とともに出土した。
（青木義脩）
（土器は浦和市教育委員会蔵）

---

### ▶本誌直接購読のご案内◀

　『季刊考古学』は一般書店の店頭で販売しております。なるべくお近くの書店で予約購読なさることをおすすめしますが，とくに手に入りにくいときには当社へ直接お申し込み下さい。その場合，1 年分 6,000 円（4 冊，送料は当社負担）を郵便振替（東京 3-1685）または現金書留にて，住所，氏名および『季刊 考古学』第何号より第何号までと明記の上当社営業部までご送金下さい。

---

**季刊 考古学　第17号**　　1986年11月1日発行
**ARCHAEOLOGY　QUARTERLY**　　定価 1,500 円

編集人　芳賀章内
発行人　長坂一雄
印刷所　新日本印刷株式会社
発行所　雄山閣出版株式会社
　〒102　東京都千代田区富士見 2-6-9
　　　　電話 03-262-3231　振替 東京 3-1685
◆本誌記事の無断転載は固くおことわりします。
ISBN 4-639-00602-0　printed in Japan

**季刊 考古学　オンデマンド版　第17号** 1986年11月1日　初版発行
ARCHAEOROGY　QUARTERLY　2018年6月10日　オンデマンド版発行
**定価（本体2,400円＋税）**

編集人　芳賀章内
発行人　宮田哲男
印刷所　石川特殊特急製本株式会社
発行所　株式会社　雄山閣　http://www.yuzankaku.co.jp
〒102-0071　東京都千代田区富士見2-6-9
電話 03-3262-3231　FAX 03-3262-6938　振替　00130-5-1685

◆本誌記事の無断転載は固くおことわりします　ISBN 978-4-639-13017-8　Printed in Japan

# 初期バックナンバー、待望の復刻!!

## 季刊 考古学 OD　創刊号〜第 50 号〈第一期〉

全 50 冊セット定価（本体 120,000 円＋税）　セット ISBN：978-4-639-10532-9

各巻分売可　各巻定価（本体 2,400 円＋税）

| 号　数 | 刊行年 | 特集名 | 編　者 | ISBN（978-4-639-） |
|---|---|---|---|---|
| 創刊号 | 1982 年 10 月 | 縄文人は何を食べたか | 渡辺 誠 | 13001-7 |
| 第 2 号 | 1983 年 1 月 | 神々と仏を考古学する | 坂詰 秀一 | 13002-4 |
| 第 3 号 | 1983 年 4 月 | 古墳の謎を解剖する | 大塚 初重 | 13003-1 |
| 第 4 号 | 1983 年 7 月 | 日本旧石器人の生活と技術 | 加藤 晋平 | 13004-8 |
| 第 5 号 | 1983 年 10 月 | 装身の考古学 | 町田 章・春成 秀爾 | 13005-5 |
| 第 6 号 | 1984 年 1 月 | 邪馬台国を考古学する | 西谷 正 | 13006-2 |
| 第 7 号 | 1984 年 4 月 | 縄文人のムラとくらし | 林 謙作 | 13007-9 |
| 第 8 号 | 1984 年 7 月 | 古代日本の鉄を科学する | 佐々木 稔 | 13008-6 |
| 第 9 号 | 1984 年 10 月 | 墳墓の形態とその思想 | 坂詰 秀一 | 13009-3 |
| 第 10 号 | 1985 年 1 月 | 古墳の編年を総括する | 石野 博信 | 13010-9 |
| 第 11 号 | 1985 年 4 月 | 動物の骨が語る世界 | 金子 浩昌 | 13011-6 |
| 第 12 号 | 1985 年 7 月 | 縄文時代のものと文化の交流 | 戸沢 充則 | 13012-3 |
| 第 13 号 | 1985 年 10 月 | 江戸時代を掘る | 加藤 晋平・古泉 弘 | 13013-0 |
| 第 14 号 | 1986 年 1 月 | 弥生人は何を食べたか | 甲元 真之 | 13014-7 |
| 第 15 号 | 1986 年 4 月 | 日本海をめぐる環境と考古学 | 安田 喜憲 | 13015-4 |
| 第 16 号 | 1986 年 7 月 | 古墳時代の社会と変革 | 岩崎 卓也 | 13016-1 |
| 第 17 号 | 1986 年 10 月 | 縄文土器の編年 | 小林 達雄 | 13017-8 |
| 第 18 号 | 1987 年 1 月 | 考古学と出土文字 | 坂詰 秀一 | 13018-5 |
| 第 19 号 | 1987 年 4 月 | 弥生土器は語る | 工楽 善通 | 13019-2 |
| 第 20 号 | 1987 年 7 月 | 埴輪をめぐる古墳社会 | 水野 正好 | 13020-8 |
| 第 21 号 | 1987 年 10 月 | 縄文文化の地域性 | 林 謙作 | 13021-5 |
| 第 22 号 | 1988 年 1 月 | 古代の都城―飛鳥から平安京まで | 町田 章 | 13022-2 |
| 第 23 号 | 1988 年 4 月 | 縄文と弥生を比較する | 乙益 重隆 | 13023-9 |
| 第 24 号 | 1988 年 7 月 | 土器からよむ古墳社会 | 中村 浩・望月 幹夫 | 13024-6 |
| 第 25 号 | 1988 年 10 月 | 縄文・弥生の漁撈文化 | 渡辺 誠 | 13025-3 |
| 第 26 号 | 1989 年 1 月 | 戦国考古学のイメージ | 坂詰 秀一 | 13026-0 |
| 第 27 号 | 1989 年 4 月 | 青銅器と弥生社会 | 西谷 正 | 13027-7 |
| 第 28 号 | 1989 年 7 月 | 古墳には何が副葬されたか | 泉森 皎 | 13028-4 |
| 第 29 号 | 1989 年 10 月 | 旧石器時代の東アジアと日本 | 加藤 晋平 | 13029-1 |
| 第 30 号 | 1990 年 1 月 | 縄文土偶の世界 | 小林 達雄 | 13030-7 |
| 第 31 号 | 1990 年 4 月 | 環濠集落とクニのおこり | 原口 正三 | 13031-4 |
| 第 32 号 | 1990 年 7 月 | 古代の住居―縄文から古墳へ | 宮本 長二郎・工楽 善通 | 13032-1 |
| 第 33 号 | 1990 年 10 月 | 古墳時代の日本と中国・朝鮮 | 岩崎 卓也・中山 清隆 | 13033-8 |
| 第 34 号 | 1991 年 1 月 | 古代仏教の考古学 | 坂詰 秀一・森 郁夫 | 13034-5 |
| 第 35 号 | 1991 年 4 月 | 石器と人類の歴史 | 戸沢 充則 | 13035-2 |
| 第 36 号 | 1991 年 7 月 | 古代の豪族居館 | 小笠原 好彦・阿部 義平 | 13036-9 |
| 第 37 号 | 1991 年 10 月 | 稲作農耕と弥生文化 | 工楽 善通 | 13037-6 |
| 第 38 号 | 1992 年 1 月 | アジアのなかの縄文文化 | 西谷 正・木村 幾多郎 | 13038-3 |
| 第 39 号 | 1992 年 4 月 | 中世を考古学する | 坂詰 秀一 | 13039-0 |
| 第 40 号 | 1992 年 7 月 | 古墳の形の謎を解く | 石野 博信 | 13040-6 |
| 第 41 号 | 1992 年 10 月 | 貝塚が語る縄文文化 | 岡村 道雄 | 13041-3 |
| 第 42 号 | 1993 年 1 月 | 須恵器の編年とその時代 | 中村 浩 | 13042-0 |
| 第 43 号 | 1993 年 4 月 | 鏡の語る古代史 | 高倉 洋彰・車崎 正彦 | 13043-7 |
| 第 44 号 | 1993 年 7 月 | 縄文時代の家と集落 | 小林 達雄 | 13044-4 |
| 第 45 号 | 1993 年 10 月 | 横穴式石室の世界 | 河上 邦彦 | 13045-1 |
| 第 46 号 | 1994 年 1 月 | 古代の道と考古学 | 木下 良・坂詰 秀一 | 13046-8 |
| 第 47 号 | 1994 年 4 月 | 先史時代の木工文化 | 工楽 善通・黒崎 直 | 13047-5 |
| 第 48 号 | 1994 年 7 月 | 縄文社会と土器 | 小林 達雄 | 13048-2 |
| 第 49 号 | 1994 年 10 月 | 平安京跡発掘 | 江谷 寛・坂詰 秀一 | 13049-9 |
| 第 50 号 | 1995 年 1 月 | 縄文時代の新展開 | 渡辺 誠 | 13050-5 |

※「季刊 考古学 OD」は初版を底本とし、広告頁のみを除いてその他は原本そのままに復刻しております。初版との内容の差違は
　ございません。

「季刊 考古学　OD」は全国の一般書店にて販売しております。なるべくお近くの書店でご注文なさることをおすすめしますが、とくに手に入り
にくいときには当社へ直接お申込みください。